DISCERNIMENTO
VOCACIONAL

Márcio Costa

DISCERNIMENTO
VOCACIONAL

*estratégias, subjetividades
e itinerários*

Dados Internacionais de Catalogação na Publicação (CIP)
(Câmara Brasileira do Livro, SP, Brasil)

Costa, Márcio
  Discernimento vocacional : estratégias, subjetividades e itinerários / Márcio Costa. -- São Paulo : Editora Paulinas, 2019. -- (Vinde e vede)

  ISBN 978-85-356-4485-2

  1. Igreja - Trabalho com jovens 2. Missão cristã 3. Vocação religiosa I. Título. II. Série.

18-22427   CDD-248.894

Índice para catálogo sistemático:
1. Animação vocacional : Cristianismo   248.894

Iolanda Rodrigues Biode - Bibliotecária - CRB-8/10014

1ª edição – 2019
3ª reimpressão – 2019

Direção-geral: *Flávia Reginatto*
Editores responsáveis: *Vera Ivanise Bombonatto*
Antonio Francisco Lelo
Copidesque: *Ana Cecilia Mari*
Coordenação de revisão: *Marina Mendonça*
Revisão: *Sandra Sinzato*
Gerente de produção: *Felício Calegaro Neto*
Capa e diagramação: *Tiago Filu*
Imagem capa: *Fotolia – © shocky*

Nenhuma parte desta obra poderá ser reproduzida ou transmitida por qualquer forma e/ou quaisquer meios (eletrônico ou mecânico, incluindo fotocópia e gravação) ou arquivada em qualquer sistema ou banco de dados sem permissão escrita da Editora. Direitos reservados.

Paulinas
Rua Dona Inácia Uchoa, 62
04110-020 – São Paulo – SP (Brasil)
Tel.: (11) 2125-3500
http://www.paulinas.com.br – editora@paulinas.com.br
Telemarketing e SAC: 0800-7010081
© Pia Sociedade Filhas de São Paulo – São Paulo, 2019

Sumário

Apresentação 7
Introdução 9

Capítulo 1
Animação vocacional: desafios e perspectivas 13

Capítulo 2
A missão de ser um animador vocacional 33

Capítulo 3
Cultura vocacional: prioridade e cuidado 47

Capítulo 4
Projeto de vida e processo vocacional 59

Capítulo 5
Juventudes, pastoral e os desafios da animação vocacional 73
Bibliografia 95

Apresentação

Querida Vida Religiosa Consagrada (VRC), apresento-lhe um livro com potencial para tornar criativa e fecunda a Animação Vocacional. Uma obra que nasceu do estudo, da reflexão e sobretudo da experiência do autor, Irmão Márcio Henrique Ferreira da Costa, marista, no acompanhamento de jovens em tempo de discernimento e de animadores vocacionais envolvidos no processo. O título de cada capítulo ilustra bem a horizontalidade e a profundidade do conteúdo – Animação vocacional: desafios e perspectivas; A missão de ser um animador vocacional; Cultura vocacional: prioridade e cuidado; Projeto de vida e processo vocacional; Juventudes, pastoral e os desafios da animação vocacional.

A VRC é um modo bastante desafiador de seguir o chamado de Deus para um amor especial. Para isso, é muito importante que o encanto seja semeado nos primórdios e renovado na caminhada como religioso e como religiosa. A dinâmica da vida é bela, pois nunca estamos prontos, nem como seres humanos, nem como consagrados e consagradas. Deus, com sua misericórdia e cuidado, vai nos mostrando oportunidades de mudança e transformação em todo o processo vital e processo vocacional.

A VRC agradece ao Irmão Márcio pelo envolvimento com entusiasmo no aprimoramento da Animação Vocacional. Ele tem consciência de que as vocações estão em todos os lugares e situações, a graça divina continuamente vai penetrando os corações e as mentes para torná-los dóceis ao Espírito Santo. Por isso, é preciso que a Animação Vocacional seja a Arte da consciência vocacional, ou seja, a juventude desperta para o chamado de Deus e descobre a beleza da vocação.

Faço votos que esta obra seja mais uma ferramenta eficaz para que os animadores e animadoras vocacionais encantem as vocações. É uma grande contribuição com o Reino de Deus acender na juventude a chama do Amor que nunca se apaga. Faço minhas as palavras do autor: "Meus sinceros desejos de que seja um livro motivador, iluminador e, sobretudo, que estimule a todos na esperança com o trabalho das vocações".

Ir. Maria Inês Vieira Ribeiro, mad
Presidente da CRB Nacional

Introdução

O livro *Discernimento vocacional: estratégias, subjetividades e itinerários* é fruto de uma experiência de estudos pessoais, em seis anos de acompanhamento de jovens em discernimento e com animadores vocacionais responsáveis por esse processo. Portanto, acompanhar o animador vocacional e o vocacionado foram os motivos que me estimularam na construção desta obra, que nasce a partir de experiências práticas, de reflexões com pessoas que estão nas bases acompanhando jovens de diversas realidades.

O estudo sobre vocação tem sido uma vertente pessoal, em que encontro possibilidades e enxergo esperanças para ajudar pessoas no processo de busca vocacional, inserção eclesial e elaboração do projeto de vida. Você perceberá no decorrer da leitura deste material que essas três dimensões estão sempre muito presentes, dando uma identidade própria, muito peculiar de quem realmente vivenciou tudo que escreveu. Encontrará também atividades práticas sobre como desenvolver um itinerário, traçar um perfil de animador vocacional, refletir modelos de projeto de vida e estratégias de como atuar com animação vocacional.

No caminho de construção teórica e de pesquisa sobre o tema vocacional, minha inspiração foram as obras do autor José Lisboa,[1] da sua coleção "Teologia da Vocação". Como tive contato pessoal com ele, percebi, em seu olhar e em suas assessorias, amor e dedicação pela causa da vocação. Quis, assim como ele, promover o mesmo, dedicar-me ao tema, justamente porque também me senti atraído e encantado por isso. Assim, mais que uma obra recheada de teoria, você encontrará muitos aspectos vivenciais, reflexões acerca de temas importantes para animação vocacional. O que pode servir para um estudo conjunto com sua equipe vocacional.

Nos tempos atuais, para se trabalhar com animação vocacional, é necessário considerar a realidade juvenil, acompanhá-la e entender esse fenômeno. Outra perspectiva é compreender que o trabalho vocacional não se restringe ao âmbito da vocação específica, vai além disso. O tempo de discernimento é fundamental para ajudar o vocacionado a fazer esse caminho de descoberta em sua vida e para inserir em seu projeto pessoal valores fundamentais à sua vocação.

Por essa razão, faz-se importante considerar o caminho e a estratégia do trabalho com as vocações, e é nesse sentido que a

---

[1] José Lisboa Moreira de Oliveira tinha graduação em Teologia pela Pontifícia Universidade Gregoriana (1982), mestrado em Teologia Sistemática pela Pontifícia Facoltà Teologica dell'Italia Meridionale – Sezione San Luigi (1989) e doutorado em Teologia pela Pontifícia Universidade Gregoriana (1991). Licenciado em Filosofia pela Universidade Católica de Brasília (2008). Foi professor titular de Ética e Antropologia da Religião na Universidade Católica de Brasília, onde também atuou como gestor do Centro de Reflexões sobre Ética e Antropologia da Religião (CREAR). Fez diversas publicações na área da Teologia das Vocações e da Espiritualidade. Desenvolveu pesquisas sobre o tema das vocações, dos ministérios, da religião e da ética. José Lisboa, natural de Araci (BA), nasceu em 14 de agosto de 1956. Enfrentou graves problemas de saúde e faleceu no dia 1º de março de 2015, com 58 anos de idade.

obra que você vai ler tem como público-alvo animadores vocacionais, pessoas que atuam diretamente acompanhando jovens e estão também em funções estratégicas de acompanhamento vocacional. A novidade são os exercícios pensados após cada um dos capítulos, que podem ser explorados de forma individual ou em conjunto. Esses exercícios são especiais, porque nos ajudam a compreender de que forma atuamos e se essa forma tem efeito nas realidades em que estamos vivendo.

Como animadores vocacionais, precisamos cuidar da nossa vocação, viver valores fundamentais e dar testemunho do que acreditamos. Com isso, somos chamados a ajudar jovens a fazerem a diferença na sociedade, na Igreja e no mundo. Esse diferencial já é um grande resultado do nosso trabalho com o acompanhamento das vocações, e são essas motivações que você encontrará nesta obra. Meus sinceros desejos de que seja um livro motivador, iluminador e, sobretudo, que estimule a todos na esperança com o trabalho das vocações.

CAPÍTULO 1

Animação vocacional: desafios e perspectivas

Chamados a viver!

Somos chamados à vida. Deus é quem toma a iniciativa de nos chamar para a fundamental tarefa de viver. Não podemos refletir sobre a vocação sem falar da existência, sem falar de nossa responsabilidade de cuidar com amor do dom mais precioso que Deus nos ofereceu. E, ao nos oferecer, ele nos dotou de beleza, de inteligência, de dinamismo, de força, nos fez seres íntegros, capazes de pensar, refletir e agir. Precisamos, diante disso tudo, dar uma resposta a Deus, resposta essa que se reflete em nossa própria vida através do cuidado, da entrega, doação e gratuidade nas relações interpessoais, na relação com a natureza e na relação com o próprio Deus.

> Inicialmente, experimentamos a leveza da vida. Entendemos que a vida é um dom de Deus, a nossa experiência merece ser louvada e agradecida. Compreendemos que dom é gratuidade. Manifestação da bondade em nosso caminho. Assim sendo, a vida necessita ser festejada, respeitada e amada. Ao nascermos somos recebidos com festa e muita alegria (ALVIMAR, 2013).

Diante desse mistério da vida, podemos perceber que, para refletir sobre vocação, é fundamental compreender que a maior inspiração é Deus. Como animadores vocacionais, somos convocados a refletir sobre a vida com os vocacionados, que, por vezes, se encontram "desorientados", "desnorteados", em busca de soluções e de respostas para suas tantas inquietações. Não nos cabe apresentar-lhes respostas prontas, mas ajudá-los a encontrar o melhor caminho para viver com intensidade e plenitude a vida.

Nossa missão, enquanto animador vocacional, tem como maior referência Jesus Cristo, que, por sua vez, é o animador vocacional por excelência. No Evangelho de Lucas, na perícope dos discípulos de Emaús (Lc 24), Jesus toma a iniciativa de se aproximar dos "vocacionados" e caminhar com eles, independentemente do contexto, da realidade, da cultura e do gênero. Deseja, inicialmente, "conhecê-los" e "escutá-los". Talvez essa seja a primeira iniciativa a ser tomada por um animador vocacional: precisamos nos aproximar dos jovens, sem nossos *pré-conceitos*. Em seguida, Jesus toma a liberdade de "questioná-los" sobre a realidade que eles partilham. O diálogo do animador vocacional com o vocacionado passa pelo caminho da partilha de vida. Mas temos o dever de ajudar o vocacionado a fazer o discernimento. O caminho do discernimento, por sua vez, passa pelos questionamentos, para que o vocacionado encontre a melhor resposta pessoal ao chamado de Deus. Tudo isso exige que o animador vocacional percorra um caminho, vivenciando um itinerário com o vocacionado.

Itinerário e processo vocacional

Ao falar de itinerário, se pensa em caminho, em processo, em etapas, em momentos, em fases fortes e marcantes que norteiam nossa vida. Aqui vamos fazer uma abordagem de itinerário na perspectiva vocacional. Por essa razão, a palavra itinerário ganha peso motivacional e simboliza um grande caminho a ser feito com o outro. O percurso que Jesus faz com os discípulos, de Jerusalém a Emaús (Lc 24,13-35), é um paradigma para o itinerário vocacional. Se essa caminhada é entendida como uma ação vocacional, entendemos que dentro dela se desenvolve todo o processo vocacional necessário para conduzir um vocacionado a uma opção de vida.

Compreendemos aqui a diferença entre duas palavras-chaves na ação vocacional: *itinerário* e *processo*. O *itinerário* deve ser o sinal de que a ação vocacional exige uma profunda caminhada entre as etapas: *despertar, discernir, cultivar e acompanhar*, marcando entre elas o início, o meio e o fim da caminhada vocacional. O *processo*, por sua vez, acontece nesse caminho, se desenvolve a partir das relações que inclui conhecimento mútuo, diálogo, partilha de vida, acolhimento, celebração, exercício de memória orante, opção pessoal e compromisso missionário.

Podemos dizer que o caminho percorrido pelos discípulos, de Jerusalém a Emaús, é o itinerário vocacional. O processo, por sua vez, acontece dentro do itinerário. Por essa razão, faz-se necessário compreender o que acontece em cada momento; ajudar o vocacionado a viver com intensidade cada passo do amadurecimento vocacional e, sobretudo, a encontrar clareza e consciência diante de suas escolhas na vida. Nesse itinerário devem ser contempladas as quatro etapas: despertar, discernir, cultivar e acompanhar.

Pastoral vocacional e animação vocacional

Tendo como base e maior referência para o trabalho vocacional a pessoa de Jesus Cristo, antes de refletir sobre cada etapa vocacional, precisamos compreender que movimento queremos construir para refletir sobre vocação. Para isso, vamos resgatar alguns retalhos da história vocacional em nossa Igreja. Observando a perspectiva vocacional histórica, a Igreja tem trilhado e nos apontado um novo caminho de ação vocacional. Esse novo caminho tem sido discutido nos congressos vocacionais da Igreja no Brasil e por alguns teóricos da animação vocacional, como nosso saudoso José Lisboa. Hoje, talvez, um dos maiores desafios para nós, consagrados e consagradas, seja conciliar nossas particularidades institucionais com o que a Igreja sinaliza em relação à animação vocacional, de forma criativa e inovadora.

Esse novo caminho, apontado por nossa Igreja, sinaliza uma trajetória importante e uma mudança no modo de compreender a ação vocacional. Quando olhamos para a história da Igreja, antes do Concílio Vaticano II toda e qualquer ação vocacional estava reduzida à vocação sacerdotal. O concílio apresentou o novo modo de ser Igreja, "Igreja povo de Deus". Com isso, o significado de vocação foi ampliado. O que implica que, a partir de então, todos os homens e mulheres são chamados por Deus e convidados a dar uma resposta.

Esse contexto apresenta a nós a necessidade de compreender a trajetória de uma *pastoral vocacional* para *animação vocacional*. Na análise de José Lisboa, faz-se necessário compreender esse trajeto, porque apresenta uma possibilidade de solução para "salvar nossa Igreja da grande crise vocacional que se vê e se fala". O fato é que, ainda hoje, em nossa Igreja, se atua diretamente com Pastoral Vocacional. Entretanto, o termo "pastoral vocacional" torna-se redutivo, uma vez que a preocupação com as vocações fica limitada ao âmbito dos pastores". Minha reflexão deseja, portanto, despertar e esclarecer que podemos encontrar outras possibilidades e caminhos com o termo "animação vocacional".

Se todos somos chamados por Deus, é mais que necessário nos preocuparmos em cuidar da vocação de forma abrangente. Para isso, a melhor expressão a ser usada na Igreja seria animação vocacional, por ser ampla e por nos colocar em pé de igualdade diante de qualquer vocação específica. Segundo Lisboa:

> Por animação vocacional se entende a ação de toda a Igreja, de toda a comunidade, para mediar o chamamento divino dirigido a cada uma das pessoas. De forma simples, ela seria o esforço que toda a comunidade cristã deve fazer para dar espaço a todos os dons do espírito, ou, se quisermos, o estímulo que leva todos os batizados e crismados a tomarem consciência da sua própria e ativa responsabilidade na vida eclesial (LISBOA, 2003, p. 40).

Podemos até nos questionar quanto ao sentido dos termos. Mas compreendemos que na realidade existem diversas formas de atuação vocacional que estão totalmente ligadas à Pastoral Vocacional e à animação vocacional. O que deve ficar claro, entretanto, é que não existe melhor forma ou melhor modelo de atuação vocacional. É preciso compreender o sentido e a identidade de trabalhar com Pastoral Vocacional e com animação vocacional para que se saiba vivenciar valores de ambas as partes com o vocacionado de hoje.

Podemos elencar aqui características que ainda são peculiares daqueles que fazem Pastoral Vocacional e daqueles que atuam com animação vocacional.

Pastoral Vocacional

- A preocupação maior é com a etapa do despertar.
- Cultura do "arrebanhamento" vocacional: quanto mais vocações melhor.

- O chamado é direcionado à vocação específica; não se refletem e não se apresentam outras possibilidades vocacionais aos jovens.

- Agregamos os seguintes termos à Pastoral Vocacional: RECRUTAMENTO VOCACIONAL E ARREBANHAMENTO VOCACIONAL.

Animação vocacional

- A preocupação maior é ajudar o vocacionado a vivenciar as quatro etapas (DESPERTAR, DISCERNIR, CULTIVAR E ACOMPANHAR).

- Acredita-se em um trabalho vocacional com tempo, que proporcione ao jovem uma vivência profunda de um itinerário.

- Apresentam-se ao jovem diversas possibilidades de opção vocacional, para que ele tome a decisão com consciência, identificação e encanto.

- Agregamos os seguintes termos à animação vocacional: ACOMPANHAMENTO VOCACIONAL E ORIENTAÇÃO VOCACIONAL.

O itinerário vocacional e suas etapas

Agora, sim, conscientes da possibilidade de ampliar nosso trabalho vocacional, podemos discutir sobre as etapas vocacionais. Apresento-lhes, portanto, alguns questionamentos importantes ligados ao que já refletimos nos tópicos anteriores: estamos dispostos a nos aproximar dos jovens? A conhecê-los? A caminhar com eles? Escutá-los? Questioná-los? Sentar à mesa com eles? Partilhar o pão? Revelar Jesus?

Esses questionamentos podem nos ajudar a compreender que assumir um itinerário vocacional exige de nós despojamento, compromisso, seriedade, disposição, paciência, respeito ao acompanhante e seu ritmo, ter convicção de que o vocacionado deve responder seus próprios questionamentos, e, sobretudo, compreender que somos mediadores no processo. Ser mediador é ser sinal significativo na vida de quem está no caminho vocacional. Só pode ser mediador aquele que tem consciência primeiro do seu próprio chamado vocacional. Depois, deve ser uma pessoa que goste e que esteja disposta a fazer caminho com o vocacionado. Tendo em vista esse grande desafio, podemos mergulhar em cada etapa vocacional e entender um pouco o sentido de cada uma no itinerário vocacional.

Despertar vocacional

O despertar vocacional é o início de toda a caminhada. O grande desafio para nós, religiosos, é justamente fazê-lo de forma criativa, profunda e organizada. Precisamos estar dispostos a gastar tempo com o despertar vocacional. Ele deve ser marcante na vida dos vocacionados. É o tempo em que o jovem já apresenta interesse, inquietação e profunda vontade de conhecer-se e entender qual o plano de Deus em sua vida. Façamos duas reflexões, para ampliarmos a dimensão do despertar: primeira – quebrar o paradigma de que o acompanhamento vocacional é único e exclusivamente para quem vai ser religioso ou sacerdote; segunda – o despertar vocacional, na lógica da animação vocacional, é muito mais amplo do que somente a escolha específica. É um chamado à vida. Precisamos, portanto, cuidar dela. Ser feliz e encontrar o caminho da plenitude. O despertar é um tempo. Deve ser claro ao jovem o entendimento de que antes de qualquer escolha vocacional específica precisamos nos preocupar com o chamado à vida.

A etapa do despertar vocacional apresenta como objetivo: "Levar todas as pessoas que fazem parte da comunidade cristã a tomarem consciência de que são chamadas pelo Pai, por meio de Jesus Cristo, na ação do Espírito, para uma missão bem específica na Igreja". Uma etapa permanente e voltada para todo o povo de Deus, que deve ser "sacudido" para se comprometer com o Reino de Deus.

Essa etapa acontece progressiva e simultaneamente em três dimensões:

Dimensão humana da vocação: nosso primeiro chamado é a sermos pessoas humanas, cultivando aqueles valores que nos conferem dignidade. Às vezes, fracassamos em nosso itinerário vocacional porque queremos que o jovem abrace uma vocação específica, quando ele ainda nem conseguiu se reconhecer enquanto pessoa humana. Não podemos queimar etapas. Refletir sobre nossa humanidade é fundamental no itinerário.

Dimensão cristã da vocação: despertar para a vivência do compromisso batismal, para o exercício fiel da missão, que nasce a partir do Batismo que recebemos. Também, aqui, costumamos errar muito, pois, com muita facilidade, tendemos a logo transformar pessoas em padres, religiosos e religiosas, sem antes nos perguntarmos se tais pessoas são, de fato, cristãs. Consequências: padres, religiosos, religiosas com sede de poder, de dominação, com manias autoritárias, incapazes de dialogar, de perdoar e, sobretudo, incapazes de amar. A dimensão cristã nos faz olhar para Cristo, perceber que devemos nos inspirar nele, nas atitudes dele, nas palavras dele; e, antes de qualquer escolha específica, fazer opção de estar com ele.

Dimensão eclesial/ministerial da vocação: levar o cristão a assumir compromissos concretos, serviços específicos, dentro da comunidade. Enfatiza-se a dimensão do serviço, que deve caracterizar sempre a existência cristã. O ser verdadeiramente homem ou mulher, cristão ou cristã, acontece tão somente quando somos capazes de sair de nós mesmos para irmos ao encontro dos outros e das outras na doação, na solidariedade. É o momento de ajudar o vocacionado a ser Igreja.

Elementos que não podem faltar na etapa do despertar:
- é indispensável uma comunidade viva, onde o espírito de comunhão e de participação se faça presente;
- uma comunidade onde os carismas, ministérios e serviços encontram amplos espaços;
- o primeiro trabalho da animação vocacional, numa comunidade sem vida, é ressuscitar o dinamismo da vida cristã;
- as atividades dessa etapa não podem ser esporádicas, mas sim precisam ter uma continuidade. Isso mostra que é indispensável uma equipe do SAV na comunidade;
- é indispensável um mínimo de organização e planejamento. As coisas não podem ficar soltas, entregues ao acaso;
- é necessário ter bastante cuidado com os problemas humanos, especialmente os relacionados à sexualidade e à afetividade;
- não há como desenvolver essa etapa sem estar em comunhão com a Pastoral da Juventude, Pastoral Familiar, Pastoral do Batismo, entre outras.

Discernimento vocacional

A etapa do discernimento estimula o vocacionado a um mergulho profundo em busca do sentido vocacional em sua vida. É como a história do mergulhador que resolve ir ao alto-mar, para contemplar a beleza do oceano. Ele mergulha, vê maravilhas, se encanta com todas, mas também se depara com coisas desagradáveis a seus olhos, que estão no fundo do oceano, degradando aos poucos a natureza bela.

A experiência do discernimento é, justamente, esse mergulho. Mergulhamos dentro de nós mesmos, nos deparamos com nossas belezas e nos encantamos com elas. Certamente, encontraremos também nossas mazelas, fraquezas e desafios pessoais, que igualmente fazem parte de nós e precisam ser reconhecidos para darmos passos significativos no discernimento.

A experiência do mergulhador nos ajudará a compreender que não podemos viver com o que temos de fraquezas, desafios e mazelas. Mas precisamos tomar conhecimento e consciência deles, para evitá-los em nossa vida e tentar manter nosso oceano sempre limpo. No acompanhamento vocacional, o jovem que está na etapa do discernimento deve fazer um caminho de purificação de suas motivações. Deve encontrar-se com sua integralidade, ou seja, suas belezas, forças, fraquezas, limitações. E saber que, com tudo isso, Deus continua a chamá-lo e a lhe conferir uma missão.

O discernimento deseja aprofundar dimensões importantes do itinerário. Por isso, deve ser um tempo bem maior para que o vocacionado viva uma profunda descoberta de si mesmo, do outro, e de Deus em sua vida. É um momento em que, constantemente, precisamos olhar para a pedagogia de Jesus, sondar as intenções, alertar para a radicalidade e a seriedade da opção. Muitas vezes, limpar o caminho, remover obstáculos, ajudar a clarear o que se busca.

Elementos que não podem faltar no discernimento:
- nesse momento, deve-se dar especial atenção não apenas às aptidões do vocacionado, mas às suas reais motivações.

O que realmente está levando essa pessoa a buscar esse tipo de vocação específica?

- para isso, é indispensável conhecer bem o vocacionado: sua história, sua cultura, sua família;
- no caso em que as motivações se revelem inválidas ou imaturas, isto é, infantis, fantasiosas, irreais, egocêntricas, não sendo possível uma mudança, o discernimento deve levar a pessoa a desistir de forma definitiva, ou até que aconteça a conversão;
- sendo o discernimento algo tão complexo e delicado, é importante que ele seja feito com a ajuda de uma equipe com pessoas experientes em várias áreas: psicologia, pedagogia, espiritualidade, teologia, família;
- as principais atividades dessa etapa são: direção espiritual, orientação psicológica e encontros de discernimento.

Cultivar vocacional

Nessa etapa, supõe-se que o vocacionado já tenha feito uma profunda caminhada de discernimento. Certamente, depois de tudo o que vivenciou, refletiu e experimentou, ele já deve ter claro em seu coração aquilo com que se encantou e que deseja escolher como vocação específica. Vem aí a necessidade de viver a etapa do cultivar, que, por sua vez, deseja ajudar o vocacionado a encontrar-se com as verdadeiras motivações que o fazem escolher tal opção.

A etapa do cultivar é um momento em que o vocacionado se confronta com a opção que ele busca. Nesse momento deve ficar claro para ele os benefícios, os riscos e as responsabilidades de sua opção. Por isso, é essencial oferecer-lhe elementos fundamentais para que faça um processo de identificação.

É também fundamental a dinâmica do testemunho. O vocacionado precisa ter contato, experienciar e conhecer o que ele deseja para a vida dele.

Sem dúvida, podemos dizer que essa etapa do itinerário é um momento de fortalecer o desejo que o jovem manifestou na etapa de discernimento. Aqui, é de extrema importância o acompanhamento pessoal, a orientação do animador vocacional e, consequentemente, não deixar que o jovem se perca em seu projeto de vida. Podemos dizer que "cultivar vocacional" é descobrir mais a fundo os sinais do chamado divino, verificados e percebidos durante todo o processo. Isso quer dizer que não basta constatar a existência de sinais autênticos de vocação. É preciso que haja um espaço de tempo reservado para "alimentar" esses sinais.

Não se pode passar imediatamente do discernimento para a opção por uma vocação específica. A pessoa precisa ser preparada para tal opção, e o cultivar é esse tempo de preparação. É preciso superar o imediatismo que tantas vezes caracteriza o processo de itinerário vocacional. O medo de perder vocações leva tantas vezes à pressa, à precipitação. Muitas vezes falta eclesialidade no itinerário vocacional: desejar vocações para a Igreja. Por isso, já o discernimento é bitolado, redutivo, direcionado. O jovem termina optando por não conhecer outras alternativas.

Sendo essa uma etapa que visa alimentar, desenvolver, reforçar a opção amadurecida no período de discernimento, convém que ela seja caracterizada pelo aprofundamento, em três níveis:

Espiritual: o vocacionado deve ser levado a fazer uma experiência, cada vez mais intensa, de comunhão com a Trindade, a partir da opção que está sendo feita. Uma atividade que poderá ajudá-lo muito é a Leitura orante da Bíblia.

Comunitário: independentemente da opção vocacional que escolhemos, precisamos com urgência ser pessoas comunitárias, capazes de partilhar o pão, de cuidar uns dos outros, de nos relacionarmos com sabedoria e, nessa relação, fortalecermos nossa identidade vocacional.

Missionário: certamente, a experiência de compreender a opção vocacional como uma missão pode ajudar o vocacionado a ser mais consciente de sua escolha, a entender que Deus não o chamou por acaso, mas para viver uma experiência profunda de missão. A missão, por sua vez, deve tocar o coração do vocacionado, a ponto de compreender que sua opção deve ser também um compromisso social, humano e gerador de vida.

Acompanhamento vocacional

Podemos fazer a seguinte reflexão acerca do acompanhamento: ele pode ser uma etapa como as outras. Entretanto, creio que deva ser trabalhado no itinerário vocacional, em todas as etapas, devendo perpassar todo o caminho vocacional. Se o colocamos como uma etapa exclusiva, podemos perder a força do acompanhamento nas outras etapas.

Um dos nossos maiores desafios é lidar com o acompanhamento vocacional. Se o itinerário que nos propomos fazer com o vocacionado for criativo, tiver profundidade em cada etapa, meta e perspectiva, certamente exigirá de nós maior compreensão sobre como acompanhar as vocações. Trata-se de encontrar em todas as etapas as verdadeiras motivações, o verdadeiro sentido do processo que ele está vivenciando.

Se o acompanhamento vocacional é levado a sério pelo animador vocacional, no sentido de garantir que os processos e a conversa pessoal com o vocacional aconteçam, certamente o processo será vivenciado com muito mais profundidade pelo vocacionado. Este é o compromisso que devemos assumir no itinerário vocacional: fazer a experiência que Jesus faz com os discípulos de Emaús de se aproximar, conhecer, caminhar com os vocacionados e ajudá-los no acompanhamento pessoal e grupal.

Para que o acompanhamento seja bem realizado, são necessárias: paciência, calma, espera, firmeza e coragem da parte de quem acompanha. Faz-se necessária a presença constante do orientador vocacional durante o processo. Essa pessoa é aquela que sempre "estende a mão" ao vocacionado. Seu papel não é ser "muleta", que gera dependência e estagnação, mas ser companheiro de caminhada, ajudando sempre mais a pessoa a firmar-se e a andar com os próprios pés.

Na concepção de José Lisboa:

> Os métodos de acompanhamento devem libertar e não amarrar o vocacionado. As pessoas precisam vencer os próprios condicionamentos que impedem uma resposta verdadeiramente livre. Ao mesmo tempo, não devem ser condicionadas por nada e por ninguém. A opção deve ser consciente, isto é: quem responde deve saber o que está fazendo. Alguns casos necessitarão de acompanhamento psicológico. É necessário manter um sadio equilíbrio entre o acompanhamento individual e o grupal (2003, p. 91).

Se, em todo o itinerário vocacional, o acompanhamento for realizado com frequência e seriedade, certamente o vocacionado terá em seu projeto de vida definições maduras, conscientes. E, com certeza, encontrará o caminho certo a ser seguido.

Para refletir

1. Que importância damos ao itinerário vocacional em nossas instituições?

2. Nosso trabalho com a animação vocacional desenvolve processo, cuida das etapas, ou ainda estamos trabalhando com modelos de recrutamento vocacional?

3. Quais os maiores desafios para trabalhar com animação vocacional hoje? E o que fazemos para superar os desafios e ser mais criativos na animação vocacional?

Conclusão

A animação vocacional tem a missão de cuidar do nascimento, discernimento, desenvolvimento e acompanhamento das vocações. Sendo a vocação um chamado divino, não cabe a nós estabelecer parâmetros para a iniciativa de Deus, mas podemos, simplesmente, cuidar e dedicar total atenção ao processo vocacional. Por essa razão, as etapas vocacionais se fazem importantes, pois elas priorizam e garantem valores essenciais na caminhada.

A resposta ao chamado divino é um caminho a ser percorrido. Como tal, ela vai acontecendo aos poucos. Não se chega a uma opção de maneira rápida e veloz, mas aos poucos, passo a passo. "É caminhando que se faz o caminho". A opção vai amadurecendo durante o processo. Por isso deve ser cuidada com carinho e atenção.

Por fim, podemos concluir afirmando que toda vocação é uma obra de Deus. Nessa obra, precisamos gastar tempo despertando, discernindo, cultivando e acompanhando. É nessa dinâmica que certamente encontraremos pessoas mais humanas e mais capazes de vivenciar o amor de Deus na sociedade.

Proposta de atividade

1. *Projetos da animação vocacional*

Refletir sobre o itinerário é pensar em construir processos que conduzam os vocacionados no discernimento, sobretudo, na elaboração do PROJETO PESSOAL DE VIDA. Conforme refletimos neste capítulo, o itinerário vocacional tem sua dinamicidade e consegue ser pedagogicamente circular porque o acompanhamento, em sua originalidade, promove essa costura entre uma etapa e outra. A lógica do itinerário, portanto, nos ajuda a entender que cada projeto, ação ou atividade da animação vocacional tem seu lugar certo e apropriado, de acordo com suas etapas, suas dimensões e seus valores.

Para isso, os convido a pensar conjuntamente: quais são os projetos que existem em suas congregações, dioceses, paróquias? Em qual das etapas esses projetos estão inseridos? Qual a ligação que existe entre um projeto e outro? Veja o quadro.

2. *Itinerário vocacional:* destaque o nome dos projetos existentes

Despertar: etapa inicial do itinerário vocacional que deve proporcionar ao vocacionado a vivência das dimensões humana, cristã e eclesial.	Discernir: segunda etapa do itinerário vocacional, tempo propício para refletir sobre as motivações e as responsabilidades da opção de vida.	Cultivar: terceira etapa do itinerário, tempo especial para confirmar o chamado de Deus, a partir das dimensões espiritual, comunitária e missionária.

> *Acompanhamento:* a etapa do acompanhamento, diferente das demais, percorre todo o itinerário, dando ao mesmo uma característica de circularidade. Pois é a partir dessa perspectiva que o animador vocacional coordena o processo desenvolvido pelo vocacionado, ajudando-o a vivenciar valores e temas dentro de cada etapa no tempo oportuno ao seu desenvolvimento humano e amadurecimento pessoal.

3. *Produção de subsídios vocacionais:* quais são os subsídios necessários e fundamentais para uma vivência profunda do caminho vocacional?

4. *Aprofundamento, registro e documentação:* todos os projetos e ações precisam estar claros dentro do itinerário, ou seja, é necessária uma organização técnica para dar sentido aos projetos do itinerário.

Etapa	Projeto/ações	Objetivo	Público	Metodologia	Valores/temas
	Escreva aqui todos os projetos e ações desenvolvidos na animação vocacional	Qual é o objetivo de cada uma dessas ações e projetos? Por que ele está destinado à etapa do despertar?	Quem são as pessoas que desejamos alcançar com esses projetos e ações?	Como acontece esse projeto ou essa ação? Quais são os passos percorridos?	Quais os valores e temas da etapa do despertar fundamentais de serem trabalhados nesse projeto/ação?

Discernimento vocacional: estratégias, subjetividades e itinerários

Etapa	Projeto	Objetivo	Público	Metodologia	Valores/temas
Despertar					

Etapa	Projeto	Objetivo	Público	Metodologia	Valores/temas
Discernir					

Etapa	Projeto	Objetivo	Público	Metodologia	Valores/Temas
Cultivar					

5. *Projetos de formação para animadores vocacionais:* destaque os principais temas a serem trabalhados com os animadores vocacionais.

Projeto	Objetivo	Público	Metodologia	Conteúdos

CAPÍTULO 2

A missão de ser um animador vocacional

> "A vocação é uma resposta corajosa,
> alegre e generosa ao chamado de Deus,
> percebida no cotidiano da vida
> e na história humana."
> (Papa Francisco)

Acompanhar vocações, uma grande missão!

O caminho feito por um vocacionado nos desafia, como animadores vocacionais, a encontrar sempre melhores formas de acompanhá-lo. Podemos dizer que acompanhar vocações é um verdadeiro caminho para a santidade, é uma responsabilidade que nos compromete, nos envolve e nos desafia a viver uma grande missão. Essa dimensão do acompanhamento como missão pede de nós esforço e sensibilidade pessoal para entender a presença constante de Deus em toda a caminhada percorrida entre o animador e o vocacionado. Segundo José Lisboa: "De modo geral tudo é divina vocação no mundo. Vocação à vida.

Vocação à fé. Vocação à santidade. Cada ser e cada estado digno do ser corresponde a uma divina vocação" (2000, p. 21).

A reflexão a seguir deseja justamente aprofundar e ampliar nossa reflexão acerca do perfil de quem acompanha as vocações. É importante compreender que, antes de qualquer conteúdo, é fundamental que na missão sejamos profundamente humanos, dinâmicos e criativos no acompanhamento das vocações.

Partindo dessa perspectiva e sabendo das diversas realidades que nos interpelam e nos desafiam, é importante que estejamos conscientes da nossa grande missão de acompanhar. Em uma de suas palestras, José Lisboa dizia: "só existe acompanhamento vocacional para quem deseja ser acompanhado, ou seja, o vocacionado deve querer ser acompanhado, ele deve sentir que isso é necessário no processo". Isso pode consolar-nos e, ao mesmo tempo, nos alertar da tamanha responsabilidade que é acompanhar um jovem que está construindo (pensando) seu projeto pessoal de vida. "É preciso educar o jovem e a jovem para ter um projeto de vida."

> Em um trabalho de discernimento vocacional com grupos de jovens, o último passo a ser dado será o de ajudar os seus membros a tomar consciência de que Deus tem um plano para cada pessoa, ou seja, Deus chama cada jovem para um serviço específico na Igreja e para a construção do Reino (CNBB, 2001, p. 47).

É fundamental que, durante o processo vocacional, o animador vocacional ajude a pessoa que está sendo acompanhada a organizar o seu projeto pessoal de vida. Esse processo não pode sufocar o vocacionado, ao contrário, todo acompanhamento deve ajudar os vocacionados a trazerem seus verdadeiros sentimentos e a lidarem com transparência e liberdade no caminho vocacional.

É importante que durante a caminhada vocacional os jovens tenham acompanhamento vocacional. Este é pessoal e ao mesmo tempo grupal. Sendo elemento complementar e fundamental ao discernimento vocacional, o acompanhamento é, sobretudo, uma relação de ajuda entre o animador vocacional e o vocacionado.

Outra dimensão importante é compreender que o acompanhamento não está única e exclusivamente ligado ao ato de conversar. A palavra, por si, já demonstra toda a sua intensidade. Acompanhar é conhecer "estar ou ficar junto a (alguém), constantemente, ou durante certo tempo. Conviver ou compartilhar situações com, ou ser companheiro".[1]

Acompanhar, portanto, é assumir o compromisso de fazer caminho ao lado do vocacionado, respeitá-lo, conhecer suas raízes, seu contexto social, sua família, seus desejos, seus desafios, suas conquistas. Só podemos acompanhar quando nos envolvemos por inteiro, quando temos possibilidade de contribuir significativamente na vida do vocacionado.

O acompanhamento, por conseguinte, é uma missão. Não deve ser para qualquer pessoa, mas para aqueles e aquelas que estão dispostos e de coração aberto a desenvolver habilidades capazes de conduzir processos; capazes de assumir o verdadeiro compromisso de ajudar o jovem na construção de si mesmo e de seu projeto pessoal de vida. A grande missão de acompanhar supõe que estejamos, por inteiro, focalizados em quem vamos acompanhar; dispostos a "ser eternamente responsáveis pelo que cativamos" (Exupéry).

---

[1] Dicionário virtual: <https://www.google.com.br/webhp?sourceid=-chrome-instant&ion=1&espv=2&ie=UTF8#q=acompanhamento>. Acesso em: 24 de outubro de 2016.

O animador vocacional e o processo vocacional

No itinerário vocacional, compreendemos que, para se fazer opção de vida, é necessário vivenciar um caminho, com processos que tenham tempo suficiente de discernimento. O animador vocacional, por sua vez, compreende esse tempo e deve respeitar cada momento vivenciado pelo vocacionado. A palavra sensibilidade é fundamental nesse caminho. O animador deve ajudar o vocacionado a viver com intensidade o processo vocacional, sobretudo os sentimentos inquietantes, as tantas dúvidas e os desafios. Tudo isso é fundamental que seja vivido com intensidade pelo vocacionado.

Podemos considerar como uma armadilha a atitude do animador vocacional que resolve os sentimentos inquietantes, responde às tantas dúvidas, e vive pelos vocacionados tantos desafios que aparecem no processo. Enquanto seres humanos, somos tendenciosos quanto a isso. Quando surge um problema na vida de uma pessoa que acompanhamos, imediatamente apontamos a solução. Se é um desafio, imediatamente apontamos o caminho para se resolver. Quando há dúvidas quanto a escolhas vocacionais, por exemplo, já os direcionamos para tal vocação específica.

O verdadeiro e significativo animador vocacional é aquele que compreende o contexto em que vive o jovem e o ajuda a viver essa fase, para que ele mesmo encontre respostas para seus sentimentos, seus desafios e suas dúvidas. Por isso, é importante vivenciar cada passo do processo vocacional.

A sensibilidade do animador vocacional deve também ser "elástica", ou seja, podemos dizer que nosso acompanhamento deve ser flexível. A flexibilidade, por sua vez, nos interpela a entender o caminho que o jovem está fazendo. Nessa dinâmica, devemos saber o melhor momento para ajudar o vocacionado a dar passos concretos no processo.

É fundamental que estejamos atentos aos momentos tocantes vivenciado por ele, e perceber onde podemos contribuir, de forma construtiva, questionadora e transformadora. Eis o desafio para um animador vocacional: conhecer a realidade, conhecer o jovem e, diante disso, ajudá-lo na elaboração de seu projeto pessoal de vida.

> Quem trabalha com jovens vocacionados e sabe que a vocação é, antes de tudo, chamamento divino não se deixa levar pela aparência. Procura discernir com muito cuidado os sinais de vocação para ver se são realmente autênticos, pois nem sempre eles são expressão da vontade de Deus. Às vezes, quando bem verificados podem manifestar desequilíbrios. Por si só não são suficientes. Por isso mesmo, o animador ou a animadora vocacional terá de verificar se se trata de um verdadeiro chamado ou de uma fuga, da busca de compensações ou coisa semelhante, uma vez que nem sempre certos sinais, como o espírito de oração e a disponibilidade, podem ser tomados como sinais claros de que Deus chama de imediato uma vocação (LISBOA, 1999, p. 21).

Ser convicto da própria vocação, para acompanhar

Acompanhar vocações nos interpela a que sejamos convictos do que somos, do que fazemos e do que vivemos. A convicção nos coloca na situação de referência. É natural que, se somos convictos, muitos nos procurem para entender de onde vem tamanha convicção.

As pessoas convictas estão por inteiro no exercício da vida. Certamente porque confiam em si mesmas e, quando fazem algo, estão ali por completo. Para o vocacionado em processo, é fundamental a presença de uma pessoa convicta em sua vida. Porque tal pessoa tem a grande missão de contribuir em sua caminhada vocacional, mas também de ajudá-lo a fazer esse caminho de descoberta relacional, consigo mesmo, com o outro, com a sociedade e com Deus.

Segundo José Lisboa:

> Vocação é graça. Todo o processo vocacional também o é, tanto para quem acompanha, quanto para quem é acompanhado. É exatamente por isso que esse processo merece cuidado especial. É nele que se pode observar a forma como Deus vai agindo naquele que recebe o chamado e como pessoa vai elaborando sua resposta vocacional.[2]

Diante disso, compreendemos que a convicção da vocação é justamente a certeza de que Deus está presente em nossa vida. Se há convicção é porque há liberdade, felicidade, amor, responsabilidade, carinho e muita inteireza no que se vive vocacionalmente. Certamente, é nesse mistério da presença de Deus que encontramos nossa convicção nas escolhas vocacionais de nossa vida. Tendo isso como pressuposto, certamente teremos grande possibilidade de ajudar outros a também serem convictos. A convicção, portanto, é o maior testemunho do animador vocacional.

> A animação vocacional exige dos cristãos e cristãs, um testemunho autêntico de vida (Mt 10,32-33). Este testemunho deve ser traduzido concretamente na prática do amor e do serviço. Somente no amor (Jo 13,35) e na *diakonia* (Jo 13,12-18; Mc 10,32-33) os homens e as

---

[2] Assessoria realizada por José Lisboa na Escola Vocacional Marista de 2013, na cidade de Belo Horizonte/MG.

mulheres conhecerão que somos discípulos de Cristo. O amor, porém, não pode ser reduzido a palavras, mas deve ser traduzido em ações e em verdade (1Jo 3,18). Era uma característica forte dos primeiros cristãos: união, oração, partilha dos bens, simplicidade, coragem, vida de ação de graças (At 2,42-47; 4,32-37) (LISBOA, 2003, p. 152).

Por essa razão, nossa missão é grande porque, para além de animadores vocacionais, somos sinais da presença de Deus na vida das pessoas. Isso nos faz crer que todo e qualquer processo vocacional deve ter muito amor, cuidado, atenção, carinho e cumplicidade entre quem acompanha e quem é acompanhado. Para tanto, estejamos atentos aos seguintes aspectos e dimensões elencados a seguir.

São dimensões importantes a serem observadas durante o processo vocacional. Para os vocacionados que estão vivenciando um discernimento vocacional, é importante:

- participação ativa nas atividades organizadas pelo grupo vocacional;
- vivência intensa das atividades em grupo;
- acolhida da experiência e entendimento do processo a partir das etapas vocacionais;
- aprofundamento do conhecimento e do amor ao Senhor, que se revela para cada pessoa e para a comunidade;
- cultivo de atitudes e capacidades adequadas à sua vocação;
- busca do discernimento dos apelos de Deus em sua vida;
- elaboração do seu projeto pessoal de vida e colocação em prática de suas convicções pessoais.

O acompanhamento vocacional deve ajudar o vocacionado a tomar consciência de suas reais motivações vocacionais e a conquistar autonomia nas decisões, discernindo o plano de Deus em sua

vida, de forma a amadurecer sua resposta. Para isso, necessitamos, como animadores vocacionais, observar os seguintes aspectos:
- o entendimento de que a escuta ao chamado de Deus acontece no contexto onde o vocacionado está inserido;
- a aproximação da realidade daquele a quem quer e deseja falar, para favorecer um dizer contextualizado, capaz de ser perfeitamente entendido, porque brota do coração da realidade;
- o respeito, a acolhida e a abertura à pessoa no que ela é;
- a escuta atenta e dialógica, com respeito às diferenças individuais, à cultura e à maturidade dos vocacionados;
- a paciência para reconhecer o tempo necessário para o vocacionado dar cada passo;
- o cuidado em relação à qualidade do processo vocacional;
- o testemunho, nas atividades que desempenha, do seu amor à vocação, da paixão por Jesus e do compromisso com o Reino. Viver com alegria a própria vocação;
- o conhecimento dos elementos da realidade em que vive o vocacionado;
- a escuta do vocacionado com os sentimentos do coração;
- a compreensão e o respeito pelo momento que o jovem está vivendo;
- não somente fazer o acolhimento do que o jovem diz, mas ajudá-lo a refletir sobre sua visão das coisas.

Implicações eclesiais no acompanhamento vocacional

José Lisboa dizia em suas assessorias que "toda a comunidade cristã deveria ser animadora vocacional", pois pelo Batismo somos chamados a isso. É importante que isso vingue no acompanhamento das vocações hoje. Ou seja, não tem sentido fazer uma opção de vida e viver isolado. Isso não é ser Igreja, não é Reino de Deus. O caminho do isolamento é o caminho do egoísmo, da tristeza, da falta de compartilhar com o outro o grande tesouro que encontramos, nossa própria vocação.

O isolamento ao qual me refiro neste momento é justamente a ganância, o egoísmo, o individualismo e a incompreensão. Estes são isolamentos fatais, que nos distanciam da alegria de ser animador vocacional. A comunidade eclesial tem uma grande missão de ser inclusiva, de ser revitalizadora e de conquistar a juventude para estar dentro dela e sendo corpo vivo nela. "A animação vocacional está relacionada com a *comunidade de fé*, a qual deve assumir a *responsabilidade direta* do dever de chamar."

Sabemos que, pelo fato de ser o animador o encarregado oficial para fazer a animação vocacional, isso nos coloca muitas vezes na condição de personagem que RECRUTA vocações para a comunidade, mas na verdade o animador vocacional deve ser o primeiro, aquele que motiva e incentiva a comunidade a ser geradora e gestadora de vocações. Para José Lisboa: "não existe a figura do animador vocacional herói, solitário, separado, autônomo, desligado da comunidade, uma espécie de reprodutor vocacional, do qual todos cobram a multiplicação de vocações".[3]

Levando em consideração a responsabilidade de ser animadores vocacionais, estejamos atentos aos seguintes elementos a serem considerados no perfil de um animador vocacional:

Capacidade de acompanhar: caminhar com quem faz discernimento supõe que estejamos inteiramente disponíveis para

---

[3] Afirmação dita por José Lisboa em assessoria na Escola Vocacional Marista de 2013.

acompanhá-lo. Com isso, precisamos nos convencer de que somos capazes de acompanhá-lo. Esse convencimento não deve ser orgulhoso, mas sincero e consciente da responsabilidade que temos em nossas mãos. Acompanhar exige habilidade de ser humano e espiritual. Todos nós temos essas duas dimensões muito forte dentro de nós. Precisamos, no entanto, despertá-las nas habilidades de acompanhar.

Convicção e disponibilidade para acompanhar processos: a convicção, como já refletimos anteriormente, é a certeza de que não estamos vivendo esse ofício do acompanhamento por obrigação, mas por amor e carinho à pessoa que está em discernimento. A disponibilidade é fundamental para compreender que precisamos dedicar tempo ao acompanhamento. Não há acompanhamento, quando não há disponibilidade para acompanhar. É importante garantir que o acompanhamento aconteça com frequência e tenha conexão direta com o processo vocacional.

Sabedoria espiritual: sabedoria se adquire com experiência, com vivências profundas em relação ao que somos e ao que transmitimos para os outros. Espiritualidade é a arte de caminhar por dentro de nós mesmos e também externamente, sabendo lidar com o outro e percebendo a ação de Deus que nos torna especiais nessa caminhada. O animador vocacional busca ter essas duas grandes virtudes em sua vida.

Somos, portanto, desafiados a despertar nas pessoas:
- a certeza de que Deus caminha com elas;
- Deus está presente na vida e em tudo o que vivemos;
- perceber que viemos de Deus, vivemos com ele e para ele voltaremos;
- somos, na vida, seres de Deus; portanto, ser de Deus requer de nós sabedoria, cuidado com a vida!

Ser um animador vocacional, portanto, nos convoca a fazer uma grande caminhada de sabedoria espiritual. Podemos ser pessoas geradoras de esperança, de amor, de bondade. E isso tudo podemos exercer em nossa missão como animador vocacional.

Conclusão

A grande responsabilidade e a grande missão de acompanhar vocações estão em nossas mãos, mais do que delinear perfis de quem acompanha as vocações, podemos nós mesmos pensar: Que tipo de animador vocacional sou? Como lido com isso no meu dia a dia? Quem são os meus referenciais, quando estou vivenciando a missão de acompanhar?

Temos a grande missão de ser ponte, de ser sinal vocacional, de ser orientador de pessoas que estão em pleno ápice da vida, desejosas de viver muitas experiências, sonhadoras e cheias de expectativas. Como podemos ajudar essas pessoas no discernimento, na elaboração de um significativo projeto de vida, onde possam ser cada dia mais pé no chão, mais conscientes e mais convictas de suas escolhas?

O projeto de vida e a cultura vocacional são dois elementos necessários dentro dessa caminhada, e todo animador vocacional deve saber que um projeto de vida é fundamental no itinerário de discernimento vocacional. Esse projeto deve considerar aspectos relacionados a história de vida, às raízes, aos fatos marcantes, à estrutura pessoal atual, aos sentimentos, a suas características, a suas qualidades e aos desafios pessoais e, por fim, a seus sonhos, seus ideais, seus compromissos e suas escolhas pessoais. E dentro disso tudo destacamos todas as dimensões necessárias para viver a escolha vocacional com intensidade.

A cultura vocacional, por sua vez, é outro aspecto fundamental e necessário. Precisamos tomar consciência de que sozinho não damos conta de recriar, dinamizar, chamar a atenção! Criar cultura é ajudar o outro a fazer parte e abraçar em comunhão toda a proposta da missão de acompanhar. Podemos dizer que nessa caminhada, ou seja, nessa missão não estamos sozinhos, temos uma multidão de fiéis, de homens e mulheres, que estão dispostos, e só precisamos entreajudar-nos, caminhar em conjunto, encontrar juntos as soluções mais viáveis para tantas crises, tantos desafios. Não podemos aceitar que existe crise vocacional, pois o que precisa ser fortificada é a nossa capacidade de fazer o diferencial e, assim, despertar jovens que desejem também seguir Jesus Cristo e torná-lo conhecido e amado.

Para refletir

1. Como me sinto como animador vocacional e que características devem ser alimentadas nessa missão?

2. Acompanhar vocações é uma grande missão, como vivenciamos essa grande missão em nossa vida?

3. O acompanhamento vocacional é indiscutível e inegociável, como podemos garantir que ele seja constante e quais são as melhores formas de diálogo com os vocacionados?

Proposta de atividade

Animação vocacional: diagnóstico de realidade

É importante para o animador vocacional ter clareza de alguns aspectos e, para isso, é necessário avaliar o contexto em que se atua com animação vocacional.

A missão de ser um animador vocacional

Atenção às perguntas	Como estamos?	O que queremos?
1. *Animação vocacional:* conceito, compreensão, crença.		
2. *Estrutura local:* de que forma estamos organizados em nossas províncias em relação à animação vocacional?		
3. *Animadores vocacionais:* Quem são? Quantos religiosos e quantos leigos? Como cuidamos da formação? Existe um itinerário pedagógico de formação?		
4. *Plano:* existe um plano provincial de animação vocacional? Destaque os principais focos desse plano.		
5. *Itinerário:* existe um itinerário vocacional provincial? O que se pode destacar desse itinerário?		

6. **Plano de ação:** como se dá o acompanhamento dos grupos vocacionais? De que forma nos articulamos? Que investimentos podemos destacar?		
7. **Projetos:** quais são os projetos da animação vocacional? Qual a média de jovens que participam em cada projeto?		
8. **Relação interprovincial, intercongregacional:** o que destacamos de significativo? Em que nos ajuda?		
9. **Relação eclesial:** quais os desafios e entraves que nos impedem de caminhar em unidade?		
10. **Compromisso pessoal ou do grupo:** como posso me comprometer melhor com a animação vocacional?		

Observações:

1. O instrumento nos ajudará a conhecer de forma sistemática nossas realidades.
2. Podemos elencar pontos-chave para cada item.
3. Acrescente outros campos que julgue importante e que não estejam nessa lista.

CAPÍTULO 3

Cultura vocacional: prioridade e cuidado

Opções estratégicas em vista da criação de uma cultura vocacional

A elaboração do plano e do itinerário de animação vocacional tem um fator fundamental que precede toda essa construção, trata-se do desenvolvimento da cultura vocacional, ou seja, é mais que necessário a compreensão conjunta do que se sonha e do que se deseja com animação vocacional e é, ainda, importante que se façam opções estratégicas, para que ela seja o alvo principal e para que todas as pessoas estejam focadas e dedicadas a essa missão.

Até aqui, refletimos que o trabalho com animação vocacional necessita ser prioridade, precisa estar em nossas pautas de discussões. Para desenvolvê-lo, é necessário investimento, organização técnica e metodológica, entretanto, se não trabalharmos estratégicas para criar cultura vocacional, não conseguiremos ir muito longe, pois toda força gerada corre grande risco de enfraquecer.

É nesse sentido que aponto algumas opções estratégicas para a criação de uma cultura vocacional.

Espiritualidade: ponto central na construção de uma cultura vocacional

O tema da espiritualidade é, sem dúvida, um ponto central para a construção de uma cultura vocacional. Levando em consideração essa premissa, é fundamental que, ao refletir sobre animação vocacional, reconheçamos esse espaço como um chão sagrado. Chão onde se vivencia com intensidade todo o caminho de descoberta de tudo que é mais sagrado em nossas vidas.

O cultivo da espiritualidade alimenta nossa própria escolha vocacional, ajuda-nos a fazer um caminho de amadurecimento e firmeza em Deus. Auxilia-nos, sobretudo, a sermos conscientes e a assumirmos com inteireza nossa vocação. Nas palavras de José Lisboa, no livro *Teologia da Vocação*, dá-se ênfase à experiência de fé como um sinal teológico vocacional.

> A força misteriosa que atrai uma pessoa levando-a a abraçar determinado serviço, a fazer alguma coisa da qual gosta, é definida no âmbito da fé como Deus. Isso mostra que só é possível entender perfeitamente a vocação em uma dimensão de vida alimentada pela fé. Melhor dizendo: a vocação só pode ser entendida teologicamente, é uma realidade teológica (2003, p. 20).

Por essa razão, a vida de oração nos possibilita a experiência de fé. Nesta experiência estabelecemos um contato afetuoso com Deus, uma intimidade em que podemos louvar, agradecer, partilhar nossa vida e, consequentemente, perceber o amor de Deus que norteia nosso caminhar.

O dom da vocação se recebe gratuitamente. Por sua vez, a experiência humana nos diz que o dom também é fruto de uma oração insistente e confiante. A experiência de fé motiva o ser a cultivar uma profunda espiritualidade, cria atitudes de abertura e confiança perante o chamado divino. Propor ao jovem um itinerário de oração no qual o mesmo vivencie os dons de escuta e discernimento, é favorecer o nascimento e crescimento do germe vocacional e pô-lo em marcha para dar uma resposta generosa.

O trabalho com a animação vocacional exige, de quem o acompanha, uma interioridade de coração, reconhecendo na própria história os sinais de Deus que são constantes e significativamente presentes a todo momento. Daí o exercício da oração vai unido à ação, movimento este que favorecerá também a contínua transformação e adaptação aos tempos atuais. Por essa razão, a espiritualidade é um ponto central na construção da cultura vocacional, pois, por ela, damos testemunho de fé e cativamos as pessoas pela nossa confiança e intimidade com Deus. Lourenço Kearns, no livro *A Teologia da Vida Consagrada*, nos ajuda a compreender a dinâmica da espiritualidade com a citação a seguir.

> Espiritualidade é viver o momento em que Deus aparece em nossa vida. Deus quer estar conosco de infinitas maneiras. Deus quer estar conosco, dentro e fora de nós. Quer que experimentemos seu amor frequentemente e não só de vez em quando. Mas o perigo é pensar que somos nós que controlamos sua presença. Deus não é controlado e limitado por nossos esforços. Por causa de nosso orgulho, a compreensão disso torna-se muito difícil. Não podemos manipular a Deus, ou usar fórmulas mágicas para exigir que Deus apareça quando determinamos (KEARNS, 1999, p. 108.).

Espaço familiar, centro das vocações

Para motivar o desenvolvimento de uma cultura vocacional junto ao tema da oração, é essencial desenvolver o tema da vivência familiar. É na família, é no espaço familiar que acontecem as primeiras experiências de vida, as primeiras manifestações de fé, os primeiros passos das relações interpessoais. Nesse sentido, o aspecto do testemunho está na base da educação dos filhos e, portanto, da futura opção vocacional de cada um deles. Para isso, é fundamental o espaço familiar em vista da criação de uma cultura vocacional.

Para poder acompanhar de perto, é indispensável o contato direto com a família por parte dos que se empenham de maneira mais direta na animação vocacional. Não basta acompanhar o jovem em seu processo de busca e discernimento, o qual poderá vir acompanhado de momentos de dúvida e de luta interna. É fundamental saber com quem o jovem se relaciona no seu dia a dia.

A família é o centro das vocações justamente porque, por meio dela, vivenciamos um grande processo comunitário, estabelecemos relações de valores. Por essa razão, a família, em sua diversidade e pluralidade, hoje, tem sua riqueza e pode colaborar profundamente na vida do jovem, desde que sua vivência seja pautada em valores éticos e humanizadores. O animador vocacional, reconhecendo essa pluralidade das famílias na atualidade, foca na dimensão vocacional e cria vínculo com os pares para que o acompanhamento do jovem se estenda entre quem acompanha como animador vocacional e quem acompanha como pai e como mãe.

Entende-se que o ambiente familiar é também espaço de cultivar a cultura vocacional, pois, quando a família se envolve no processo, ela também se responsabiliza pelo acompanhamento e pelo processo de construção de projeto de vida que o jovem vem elaborando. A família também necessita compreender que o itinerário de animação vocacional é um caminho de amadurecimento, de profunda busca de sentido da própria vida e, sobretudo, de ressignificação dos sonhos que brotam no coração. É nesse sentido que o animador vocacional conta com a parceria, o incentivo e a motivação da família, a fim de que o jovem mergulhe com intensidade no acompanhamento.

Inserção eclesial e vivência pastoral

A cultura vocacional ganha consistência e força quando se concretiza na vivência eclesial. Ou seja, a prática pastoral é inegociável quando se fala em animação vocacional, porque vem permeada de experiências concretas, vividas de acordo com a dinamicidade da Igreja que se preocupa com a pessoa em todos os âmbitos de sua vida. Podemos pensar em um verdadeiro caminho catequético, quando pensamos no processo de pastoral da Igreja e na ação com a animação vocacional.

Como batizados, membros da Igreja, somos chamados a viver em missão. Desde o Batismo, a Igreja nos interpela a um caminho de fé que nos convoca a um compromisso. Quando falamos em cultura vocacional, estamos justamente fazendo esse contexto ser devidamente válido. Por essa razão, a experiência de inserção eclesial e vivência pastoral nos desafia, exige de nós coerência e, consequentemente, testemunho de fé.

Na experiência de inserção eclesial, experimentamos através do convívio com o outro o valor de ser comunidade. Por esse caminho, deparamo-nos com desafios, mas também com conquistas e sonhos, pois é na comunidade que o fogo ferve, a energia cristã é estimulada e nosso fundamento de missão é concretizado. Viver a cultura vocacional passa pelo caminho de inserção eclesial e de vivência pastoral; não tem como fazer cultura vocacional sem essa entrega, sem essa participação ativa na Igreja e sem cativar outras pessoas a também assumirem esses compromissos.

Os animadores vocacionais devem preparar os grupos vocacionais para vivenciarem experiências concretas de vivência pastoral na Igreja, desde a participação efetiva em liturgias, em catequeses, em grupos de jovens, em formações, como em momentos de missões, como visitas às famílias, a enfermos, encontros maiores com crianças, adolescentes, adultos e idosos. Esses momentos serão marcantes na vida dos vocacionados, que, consequentemente, levarão dessas experiências valores fundamentais para sua vida pessoal.

Clareza e transparência na caminhada vocacional

O itinerário vocacional convoca o animador vocacional a fazer um caminho de transparência com os jovens. Esse caminho necessita de clareza, ou seja, já no início os vocacionados devem saber o que se deseja com o acompanhamento vocacional. Por isso, a criação de uma cultura vocacional começa pelo testemunho dos que vivem, com paixão e entrega, as diferentes vocações específicas dentro da Igreja.

A palavra testemunho é sagrada na criação da cultura vocacional. Pelo testemunho, as pessoas são arrastadas, e, sobretudo, convencidas a vivenciarem um caminho de discernimento. Nesse sentido, quem acompanha é convocado a dar testemunho, e o testemunho mais acertado é aquele que expressa os sentimentos do coração. Ou seja, para acompanhar, é necessário estar imbuído de prazer pelas causas do Reino e totalmente centrado em

Jesus Cristo. Justamente porque Jesus nos apresenta a melhor forma de ser testemunho.

Será importante levar em conta uma adequada preparação e avaliação das experiências oferecidas ao jovem. Atualmente vivemos aparentemente uma cultura muito experiencial, em que nos inclinamos a crer só naquilo que se pode tocar com a mão e ser verificado pessoalmente. A ideia de fazer experiência é muito forte, inclusive no campo espiritual. Portanto, no processo vocacional, podemos pensar nas experiências que estamos oferendo aos jovens e, sobretudo, como eles as estão absorvendo, de tal modo que entendam com clareza em que essas experiências os estão ajudando no caminho da descoberta vocacional.

Podemos pensar que as experiências deverão ser dosadas de acordo com o nível de preparação, de maneira que tudo ajude a ouvir a voz do Deus que chama e a estabelecer intimidade com ele, conforme recordarmos no texto de Mc 3,14 "escolheu doze para que estivessem com ele". Portanto, num ambiente que favoreça o silêncio e a solidariedade, bem como a possibilidade de uma experiência diretamente apostólica, será necessário apresentar ao jovem de hoje o diferencial de um grupo vocacional em sua vida, pois é no grupo vocacional que ele terá a possibilidade de refletir sobre temas profundos e confrontá-los com os seus desejos pessoais e suas motivações.

Ainda sobre as experiências, o processo vocacional deve oportunizar, aos jovens, experiências de missão em diversos lugares, desde grandes centros urbanos, com moradores de rua, com famílias sem teto, com crianças abandonadas em espaços interioranos, onde o povo sofre pelo esquecimento político, pela falta de recurso médico, pela falta de água, pela vulnerabilidade social. Essas experiências causam impacto na vida dos vocacionados, que, de alguma forma, se sentirão incomodados e sonharão possibilidades melhores para essas pessoas.

A clareza da proposta vocacional perante o jovem é parte essencial no desenvolvimento de uma *cultura vocacional*. O animador vocacional tem esse grande papel de apresentar com transparência as diferentes opções de vida cristã, em que cada uma oferece sua contribuição de maneira única e complementar à Igreja. Ao apresentar uma vocação específica, é fundamental levar em conta a opção por Jesus e o serviço ao Reino de Deus como ponto central para onde tudo converge. Aí se encontra o sentido único e profundo de toda vocação: em Jesus encontramos as grandes respostas para nossas tantas dúvidas em relação ao processo vocacional, no entanto, Jesus nos ajuda a compreender que ser animador vocacional está para além de fazer, pois precisamos ser junto aos jovens.

A cultura vocacional e a preparação de novos animadores vocacionais

Em Lc 6,12-19, acontece o episódio do chamado dos discípulos. Antes de qualquer iniciativa, Jesus resolve se recolher em silêncio e orar e, após uma noite de oração, ele chama os discípulos. Ao chamá-los, ele os nomeia apóstolos e, assim, lhes confere a missão de curar os doentes, levantar os caídos, expulsar os demônios...

Pensando em cultura vocacional, podemos focar em três movimentos praticados por Jesus nessa perícope. No primeiro movimento, ele toma a iniciativa de se recolher e orar, ou seja, suas decisões têm fundamentos a partir do diálogo que estabelece com Deus. Como animadores vocacionais, de que forma tomamos as nossas decisões? Como cuidamos da nossa relação de intimidade com o Senhor? É prioridade, para nós, cuidar de nossa relação com Deus, de nossa interioridade.

No segundo movimento, Jesus tem liberdade e conhece cada um dos discípulos, sabe dos seus sentimentos, suas realidades, suas características e seu modo de viver, assim como de suas capacidades, por isso lhes transforma em apóstolos. Como animadores vocacionais, sabemos quem são nossos irmãos, nossas irmãs da caminhada de missão, e temos desejo de conhecê-los e motivá-los a se envolverem com os processos vocacionais.

No terceiro movimento, Jesus confere uma missão aos apóstolos: confia neles e os cativa a darem passos na missão. Esse passo faz com que os apóstolos entendam que deveriam estar a serviço do Reino de Deus, a ponto de doarem a própria vida. Como animadores vocacionais, somos capazes de ajudar os vocacionados, mas também as demais pessoas que estão ao nosso redor, para entenderem que Deus nos confere uma missão, e esta missão é justamente estar a serviço, fazendo com que o Reino de Deus seja vivenciado na paz e na justiça.

A reflexão acerca das atitudes de Jesus nos ajuda a compreender que não estamos sozinhos na caminhada, ou seja, ao desenvolver cultura vocacional, podemos entender que existem muitas pessoas que podem colaborar conosco e somar nessa missão. E, para isso, é necessário fazer um caminho estratégico, firmando compromissos, de tal modo que as pessoas colaborem a partir do que elas acreditam, a partir do que elas vivem e também a partir do que elas sonham. Podemos visualizar essas estratégias organizadas em quatro tipos de compromissos: *compromisso pessoal*, *compromisso grupal*, *compromisso de assessoria* e *compromisso central*. Vamos conhecer cada um deles e realizar o exercício a seguir.

Proposta de atividade

Compromissos

A reflexão sobre cultura vocacional nos desafia a viver compromissos que são fundamentais para o desenvolvimento de uma animação vocacional capaz de colaborar com os vocacionados na busca de sua vocação e, também, em seu projeto de vida, consolidando valores fundamentais e coerentes ao chamado vocacional.

Para isso, aponto como prática pastoral os quatro compromissos fundamentais ao desenvolvimento dos processos vocacionais. Antes de conhecer cada um, é fundamental compreendê-los como elementos estratégicos, estimulando a participação de todas as pessoas envolvidas com os trabalhos vocacionais e, também, as que não estão envolvidas, mas que fazem parte da sua instituição ou diocese.

Esse envolvimento deve conter em cada um dos compromissos a concepção pessoal de todos, de modo que a equipe vocacional tenha elementos significativos levantados e, dessa maneira, possa criar um ambiente de reflexão e discussão sobre o que se acredita e o que se deseja com a animação vocacional. Podemos dizer que esse movimento todo inspira a cultura vocacional e ajuda a criar coparticipação de todos no processo de construção das diretrizes fundamentais que nortearão o trabalho vocacional.

Essa estratégia garante à equipe vocacional segurança no trabalho desejado e ajuda com que os processos vocacionais sejam valorizados e realizados por todos. O que, de certo modo, estimula mais as pessoas no envolvimento, uma vez que elas contribuíram com a elaboração dos compromissos.

Compromisso pessoal	Direcionado ao animador vocacional, com o intuito de refletir sobre o sentido da própria vocação e de assumir o compromisso em seu projeto de vida pessoal, bem como de acompanhar e dedicar-se à animação vocacional.	De que forma assumo o compromisso pessoal com a animação vocacional?
Compromisso grupal	Direcionado às equipes locais de animação vocacional, no intuito de motivá-las a dinamizar de forma criativa os processos vocacionais, garantindo vivência e fidelidade no acompanhamento dos vocacionados.	Como equipe vocacional, responsável por acompanhar todos os projetos e processos vocacionais, que compromissos desejamos assumir em conjunto?
Compromisso de assessoria	Direcionado à equipe "central" da congregação, da diocese. A equipe que tem por missão acompanhar todos os processos em nível macro, idealiza o itinerário e cria estratégias para que as bases vivenciem todos os processos. É, também, responsável pela elaboração do plano de animação vocacional e demais subsídios.	Como equipe responsável por uma região maior, e atenta à realidade que coordena, quais compromissos são fundamentais garantir?
Compromisso central	Direcionado aos conselhos superiores, desde governos gerais, conselhos provinciais, conselhos paroquiais ou instâncias maiores que lidam com questões eclesiais e pastorais.	Ao estar diante de um cargo de gestão, exercendo papel de liderança, buscando a qualidade e a excelência para a instituição na qual vivo minha missão, qual compromisso assumo com a animação vocacional?

CAPÍTULO 4

Projeto de vida e processo vocacional

O processo de animação vocacional é o caminho pelo qual um jovem pode construir o seu projeto pessoal de vida, e é fundamental durante esse caminho assegurar momentos em que os vocacionados possam vivenciar valores, temas, dimensões elementares daquilo que desejam garantir como base essencial de sua dinamização de vida. É necessário, sobretudo, compreender que toda vida humana é um projeto nascido do amor de Deus em cada um de nós.

A elaboração do projeto de vida exige uma organização do animador vocacional, de modo que ele possa oferecer os passos adequados aos jovens que estão nessa caminhada. A finalidade principal desse caminho passa pelo confronto direto do jovem com seus anseios pessoais, com sua forma de se relacionar com os outros, com seu modo de perceber sua história de vida e sua capacidade de sonhar o futuro desejado. Nesse sentido, entendemos que o processo vocacional é o espaço adequado para o jovem construir o projeto de vida, porque é nesse processo que se estabelece um caminho de equilíbrio entre o que se vive e o que se deseja viver.

Uma grande inspiração para o animador vocacional nesse caminho é a pessoa de Jesus, que, por sinal, em sua vida apostólica apresenta um lindo projeto de vida. Como cristãos, também somos convocados, chamados a viver diante do Reino esse projeto de amor e de anúncio. Conscientes ou não, todos assumimos um "projeto", um modo de ser e de viver. Necessitamos, no entanto, dar sentido a esse projeto e perceber sua importância na vivência do Reino de Deus.

O que é um projeto de vida

A palavra "projeto" (do latim *projectus*) significa, literalmente, algo que é "lançado para adiante", "arremessado" ou "atirado" longe e com força. "Projeto" designa a ideia ou imagem de uma situação ou estado que pensamos alcançar no futuro. É sinônimo de desígnio ou plano, intenção de fazer algo.

Quando alguém pretende construir uma casa, um profissional é contratado para planejar tudo que será necessário, antes de começar as obras. Esse profissional irá também montar o projeto baseado nos desejos de seu cliente. A partir do que for definido, ele terá uma noção de quanto material será preciso e quantos trabalhadores serão contratados para construir a obra em determinado período de tempo.

Assim, quando a obra for iniciada, os trabalhadores terão um plano a seguir. Caso não houvesse esse planejamento prévio, provavelmente os trabalhadores não saberiam o que fazer nem como o proprietário gostaria que a casa ficasse, muito menos haveria os recursos necessários para a construção. A casa, provavelmente, nunca seria construída, ou, se fosse, com certeza não iria satisfazer os desejos do cliente.

Na vida, ocorre algo similar. Possuímos muitas metas e planos que desejamos realizar. Temos a opção de escolher o nosso destino e o nosso caminho. Desejamos algo, entretanto, inúmeras vezes escolhemos rotas que nos afastam de nosso objetivo maior ou ficamos confusos em relação a qual caminho tomar, justamente por não ter planejado antes o que realmente queríamos.

Um projeto de vida é um plano colocado no papel para que possamos visualizar melhor os caminhos que devemos seguir para alcançar nossos objetivos. Para isso, necessitamos saber claramente quais são nossos objetivos e metas e precisamos ter em mente também quais os nossos valores, pois são eles que direcionarão nossa vida. Se nossas metas não estiverem em congruência com nossos valores mais profundos, dificilmente estaremos satisfeitos com nossa vida. Mesmo alcançando as metas, se elas não estiverem em harmonia com o que realmente nosso coração pede, sentiremos um vazio interior que nos poderá deixar confusos e sem direção.

Dessa forma, conhecer-se, saber o que a vida realmente significa para você e identificar seus valores é de fundamental importância no planejamento do seu projeto de vida. Os valores também estão livres para serem modificados, pois, à medida que evoluímos, eles também evoluem. Nada é estático.

Quais são os nossos projetos, pensamentos e desejos para o futuro? O que procuramos? Em que colocamos nossa realização pessoal? Comunitária? Que sentido e razão queremos dar à vida que Deus nos presenteou? Bastará isso para preencher e dar pleno sentido à vida humana?

O projeto de vida deve responder aos anseios mais profundos do nosso ser. O plano de Deus se concretiza, para cada um, em uma história singular, mas como saber se o meu projeto pessoal é fiel ao projeto de Deus, ao que ele quer de mim, neste momento? Um critério objetivo nos é fornecido pela Palavra de Deus, pelo Evangelho lido e interpretado na Igreja. Outro critério mais subjetivo é a verdadeira realização humana que ele nos traz.

Com essa reflexão, podemos afirmar que a principal missão da animação vocacional é ajudar os jovens a construírem o seu projeto de vida, e o maior desafio é como o vivemos, de que forma colocamos em prática o que tanto desejamos, o que tanto planejamos.

O projeto de Jesus

A vida histórica de Jesus, como a nossa, foi também projeto. "Que vai ser este menino?" (Lc 1,66). Ao sair de Nazaré, onde se tinha criado, não parece ter um projeto totalmente definido. Mas, no Batismo (Mt 3,13-17), ele compreende o projeto de Deus e assume sua vocação e missão de anunciá-lo. Mas qual é o projeto de Jesus, na sua vida pública?

Segundo os Evangelhos Sinóticos, é o anúncio do Reino ou Reinado de Deus. Jesus anuncia a "Boa Notícia de Deus" (Mc 1,14), a proximidade do "Reino dos céus" (Mt 4,17). Ele resume sua missão nas palavras do profeta Isaías (Lc 4,18-19). Os Evangelhos descrevem a atividade intensa de Jesus naqueles anos: percorria as cidades e os povoados, ensinando em suas sinagogas e pregando a boa notícia do Reino, curando todo tipo de doença e enfermidade e expulsando os demônios.

O projeto de Jesus se identifica com o projeto de Deus para o mundo: a salvação, a plena irradiação do seu benquerer sobre todo o universo criado. O projeto de Deus a nosso respeito se revelou a nós, finalmente, na ressurreição de Jesus: somos criados para a vida em plenitude.

Em resumo: o projeto de Jesus é realizar a vontade do Pai, isto é, que todos os seres humanos tenham vida, e a tenham em abundância. Ele veio para isso (Jo 10,10), entregou sua própria existência a favor da plenitude de vida para todos, e denunciou tudo o que se opõe a ela. Todo "projeto cristão" deverá ser prolongamento do projeto de Jesus.

Animação vocacional e projeto de vida

Todo o trabalho da animação vocacional deve suscitar no vocacionado interesse em construir seu projeto de vida pessoal, ferramenta necessária e fundamental para seu discernimento, sua organização pessoal, suas escolhas, e, sobretudo, para organizar a forma como deseja caminhar nas tantas fases que a vida lhe oferece.

Poderíamos dizer que o projeto de vida é um instrumento que nos ajuda a seguir o que desejamos, viver com intensidade o que planejamos e avaliar todos os passos que percorremos. Creio ser esse o grande percurso que se faz ao assumirmos o propósito de construir um projeto de vida e, por essa razão, isso tem ligação direta com a animação vocacional.

Se falar de vocação significa ter um caminho a percorrer em busca daquilo que preenche nosso coração, não há como fazer esse percurso sem um projeto de vida, até é possível, porém não se sabe em que nível e em que intensidade se prolongam nossas escolhas.

Portanto, a abordagem fundamental neste livro é justamente compreender que não se faz animação vocacional hoje sem refletir sobre projeto de vida. Isso é um pressuposto fundamental, uma dica importante para todos os animadores vocacionais. Aponto três dimensões comuns entre animação vocacional e projeto de vida: conhecer, aceitar, sonhar e viver.

> Conhecer a si mesmo é um processo que proporciona uma base para construir o seu projeto de vida. É um desafio constante do qual nunca nos devemos descuidar, pois nos permite aceitar quem somos, nos amar e nos cuidar. Só assim seremos plenamente felizes (FRAIMAN, 2015, p. 10).

Conhecer: quando nos conhecemos, há uma grande possibilidade de fortalecermos nossas bases. Ter clareza das nossas raízes é um passo importante para a construção do projeto de vida. Conhecer-se é um exercício que exige olhar minucioso, olhar profundo e comprometido com a história, porque não dizer um olhar de Deus, tendo em consideração que nas muitas experiências, nos muitos casos, em tudo que vivemos, há algum sinal sagrado, alguma centelha divina. O ato de parar e meditar sobre nossa história nos permite viver esse olhar, e isso é comum ao processo vocacional e à construção do projeto de vida. Como nos diz Leo Fraiman na frase citada anteriormente, conhecer é um exercício de cuidado constante que exige esforço pessoal e constante.

Aceitar: aceitar-se seria, portanto, o segundo movimento a realizar na construção e no processo de elaboração do projeto de vida. Porque aceitar-se é justamente o complemento do conhecer-se. Nós nos aceitamos porque, ao nos conhecermos, nos deparamos com quem realmente somos, com os nossos verdadeiros sentimentos, com as nossas sinceras mazelas, com os nossos tantos medos, dúvidas, segredos, confrontos pessoais, limitações, impulsos. Todo o nosso ser, que é totalmente complexo, ao decidir elaborar um projeto de vida, se dispõe a aceitar-se como é, como se construiu e como se vê.

A grande questão é que o tema aceitar-se não se restringe somente ao sentido da palavra, mas exige um comprometimento, um processo de saber que podemos partir do que somos, do contexto que nos cerca, das experiências que fazem parte de nós, para vivermos a vida em sua intensidade. Ou seja, não basta aceitar-nos, é preciso mergulharmos em nossa subjetividade e ressignificar o que está prestes a morrer dentro de nós. Conhecer-se é cuidar; aceitar-se é comprometer-se. A melhor forma de aceitar-se é fazendo o caminho da autopercepção. Leo Fraiman nos alerta quanto a isso, quando orienta: "Comece observando a si mesmo, entendendo a forma como você lida com as situações do seu dia a dia, como reage a momentos alegres ou tristes, diante de situações que exige decisões difíceis" (FRAIMAN, p. 10).

Sonhar e viver: se nos conhecemos, nos aceitamos, podemos dar mais um passo importante e pensar em nossos sonhos, nossos ideais, nossos desejos, nossas buscas, aonde queremos chegar. Certamente, ao longo da vida, em algum momento, nos propomos a dirigir nossas atenções, nosso foco na busca de algo, é isso que significa ter um sonho, ter um ideal, é quando nossas atenções voltam-se todas para alcançar um objetivo, e vivemos praticamente em função disso.

Todo projeto de vida deve ter em consideração o sonho almejado. É importante para o vocacionado perceber seus desejos, suas motivações e os empreendimentos que terá de realizar para obter o que deseja. O sonho não pode ser uma ilusão, pois é preciso mergulhar nele e, portanto, ele deve ser concreto, para que possa se tornar real. Com certeza será um desafio realizá-lo, no entanto, esse caminho de busca é necessário. E, por isso, é importante mergulhar com profundidade no que se sonha.

> Mergulhe em seus sonhos, naquilo que mais o inspira e faz sentido para você. Busque, ainda, saber o que as pessoas próximas pensam a seu respeito, qual é a imagem que passa de si para elas, que atitudes demonstra ter, que valores aparenta seguir (FRAIMAN, p. 10).

Na reflexão de Leo Fraiman, está claro que o sonho do qual estamos falando, na construção do projeto de vida, deve ser algo maduro e consciente, que nos permita mergulhar e perceber em nós tudo que nos inspira e que faça sentido no intuito de buscá-lo, tornando-nos capazes de sondar amigos e amigas em relação as nossas atitudes e valores, bem como de perceber que em busca desse sonho não estamos sós, mas, sim, juntos, sobretudo, com aqueles e aquelas que também acreditam.

Perspectivas para elaboração do projeto de vida

Subjetividade: entender-nos é um passo lento e fundamental, é reconhecer que temos uma história, que temos raízes, é sabermos como lidar com tudo isso. Encontrar equilíbrio emocional diante do que sentimos e em relação a quanto somos influenciados pelos outros. Segurança de personalidade própria, ou seja, identidade e capacidade de nos mostrarmos como somos na caminhada.

Processo: a elaboração do projeto pessoal de vida é um processo contínuo que se realiza durante o caminho e que se enriquece com a vivência pessoal de ser e formar comunidade. O projeto é a essência de todo homem e de toda mulher, é um caminho de opções progressivas e de discernimento permanente. Deus nos fala em sua Palavra, em nossa vida, nos demais, na realidade, nas situações e acontecimentos do contexto histórico e social, em nosso trabalho e estudo, em nossa prática pastoral. Nesses meios de vida, ele nos convida à ousadia da profundidade.

Uma necessidade vital: o projeto de vida é um convite a tomar a vida em nossas mãos, descobrindo a grandeza de decidir sobre a própria existência com liberdade, responsabilidade e compromisso. É um convite ao crescimento pessoal e comunitário. A ausência de um projeto leva-nos à dolorosa realidade de perda de identidade e à falta de perspectivas de futuro; à incapacidade de sonhar; à manipulação e à massificação; à indiferença diante das realidades de injustiça, de exclusão, de indignidade e de morte; à passividade perante um sistema neoliberal que fragmenta a vida e acentua a violência, a pobreza e a corrupção.

Vida como missão: o projeto pessoal de vida é um caminho dinâmico de buscas e de opções, de maturidade e crescimento, que nos ajuda a definir e a assumir a nossa vocação, para seguir pessoalmente a Jesus Cristo, fazendo nossa a sua missão, por meio de um compromisso transformador da realidade, como membros de uma comunidade de fé. Isso supõe e inclui também outros aspectos de nossa vocação: a solidariedade e a felicidade, o prazer e o questionamento, a capacidade de contemplar e de desfrutar a beleza da vida e cuidar do universo.

Dar vida à vida: projeto de vida não é o somatório das boas coisas com que preenchemos nossa vida, mas a orientação organizada dos esforços para dar vida à vida. Que o ser humano seja um projeto essencialmente dinâmico, não significa que sua missão seja o ativismo, o "criativismo", como se ele fosse válido à medida que a sociedade o julgar útil, eficiente e original. O dinamismo ao qual aludimos é essa atividade interior que consiste em tomar consciência da realidade, buscar a verdade, refletir a vida, elaborar a experiência, oferecer amor profundo, criar ordem e beleza, meditar, contemplar.

Proposta de atividade

Como elaborar um projeto de vida?

A primeira coisa é ter organização e disciplina, porque isso ajudará a criar um ritmo de programação capaz de garantir dimensões fundamentais ao dia a dia. Nesse sentido, para ajudar os jovens a elaborarem o projeto de vida, o animador vocacional precisa ser paciente. E, pouco a pouco, deve ajudar o jovem a descobrir a virtude da organização e da disciplina.

Por isso, é importante retomar os encontros realizados e fazer um breve resumo a partir das perguntas a seguir:

- Que textos bíblicos estão me tocando mais nos encontros vocacionais?
- Que sentimentos brotaram em mim durante a oração?
- Que apelos ou inspirações tenho experimentado com maior força?
- Que decisão central deverei tomar?
- Que meios concretos deverei empregar para concretizar essa decisão?

É importante oferecer seu projeto de vida ao Senhor, pedindo que ele o confirme, por meio da paz e da liberdade interior.

Seguem dez itens agrupados nas quatro relações fundamentais do ser humano:

1. *Relação com Deus*

a) Vida espiritual: O que fazer? (meta), como? (meios concretos).

2. *Relação com os outros*

b) Vida familiar e comunitária: O que fazer? (meta), como? (meios concretos).

c) Vida eclesial ou pastoral: O que fazer? (meta), como? (meios concretos).

d) Trabalho ou profissão: O que fazer? (meta), como? (meios concretos).

e) Cidadania política e sociedade: O que fazer? (meta), como? (meios concretos).

f) Pobreza e exclusão social: O que fazer? (meta), como? (meios concretos).

3. *Relação com o mundo*

g) Comida e bebida, água e luz, terra e ar, moradia, transporte e comunicação: O que fazer? (atitude consumista ou ecológica? Individualista ou socializadora?), como? (refletir sobre o uso necessário e o abuso irresponsável).

4. *Relação consigo mesmo*

h) Estudo ou formação permanente: O que fazer? (meta), como? (meios concretos).

i) Vida física (saúde, descanso, lazer): O que fazer? (meta), como? (meios concretos).

j) Vida afetiva (família, amizade, sexualidade): O que fazer? (meta), como? (meios concretos).

PROJETO DE VIDA

Nome	Data de nascimento
Breve histórico pessoal	

Áreas	Decisão (que decisões concretas desejo tomar de agora em diante nas áreas em questão).	Meios práticos (quais são os meios práticos que vou definir como meta para que minhas decisões sejam concretizadas em cada uma das áreas).
Pessoal		

Projeto de vida e processo vocacional

Família		
Comunitária		
Estudos		
Espiritualidade		
Pastoral		

CAPÍTULO 5

Juventudes, pastoral e os desafios da animação vocacional

Realizar animação vocacional pressupõe um caminho de desafios, pois estamos lidando com uma ação cuja principal finalidade é contribuir nas opções que as pessoas fazem. Se essa pastoral trata exatamente dessa questão, já podemos concluir que existe um caminho muito desafiador a ser percorrido, pois, como pastoralistas, somos convocados a contribuir com os jovens em seu grande mistério de opção de vida. Eis que podemos dizer que isso é uma desafiadora missão para os pastoralistas de qualquer ambiente de atuação, desde dioceses, paróquias, colégios, escolas etc. Por essa razão, é importante compreender o sentido de atuar com a animação vocacional, pois esse é o nosso grande objetivo aqui, sobretudo, para refletir sobre os desafios e as inúmeras alegrias que essa pastoral pode nos proporcionar.

Podemos recordar como iluminação o Evangelho de Lc 24,13-35: Jesus mostra o passo a passo para desenvolver um itinerário vocacional: inicialmente se aproxima dos discípulos, pois tem desejo de conhecê-los, com paciência faz o grande exercício de escutar, corajosamente os questiona e, no momento certo, assume o compromisso de caminhar com eles. Na intimidade da relação senta à mesa, partilha o pão e acontece a revelação. Esse é o passo a passo para o trabalho com a animação vocacional. E o grande desafio para os pastoralistas é fazer essa travessia, rompendo as barreiras dos preconceitos, e "sair" ao encontro dos jovens, como nos estimula o Papa Francisco.

Para isso, é fundamental e necessário que entendamos a realidade juvenil atual, cercada de novidades. Esse entendimento exige do animador vocacional iniciativas nos estudos, vivência nas realidades, compreensão de diferentes contextos, análise de casos, e, sobretudo, disposição pessoal para vivenciar uma experiência de acompanhamento e, assim como fez Jesus com os discípulos de Emaús, pensar se estamos dispostos a nos aproximar deles, caminhar com eles, escutá-los, questioná-los, respeitá-los, comungar com eles e compartilhar valores da vida. São questionamentos como esses que nos ajudam a vivenciar um profundo caminho de descoberta vocacional com os jovens dos tempos atuais. Eis que esse processo não é fácil de ser realizado, porque nos desestabiliza, nos desafia.

Com base nessa reflexão inicial, aponto algumas perspectivas relacionadas aos desafios na nossa missão de animar as vocações. São desafios que nos tocam e que, ao mesmo tempo, muitos de nós já superamos, o que pode servir de reflexão para nos ajudar, interiormente, a avaliar nossa caminhada e nossa forma de atuar com a animação vocacional.

Cuidar e valorizar o sentido da própria vocação (reencontrar sempre o primeiro amor)

Quando refletimos sobre nossa opção de vida, tocamos no tema das escolhas que muitos de nós fazemos, pois isso é algo muito sério, que muda todo o rumo da nossa história. As companheiras e os companheiros que optam pelo seguimento de Jesus por meio da ação pastoral, dedicando sua vida a servir a Igreja, sabem que esse caminho é bem desafiador, pois, além da responsabilidade da escolha, há o confronto entre as dimensões pessoais e a vivência do que é institucional, buscando sempre a coerência e a responsabilidade da opção vocacional escolhida. Existe, no entanto, uma conversão pessoal que nos impulsiona a dizer sim e viver com intensidade nossa opção.

O livro *A Teologia da Vida Consagrada* fala sobre a conversão do coração. Segundo ele, "basicamente, a conversão do coração é o movimento de um estado de pecado para um estado de graça. É uma opção por deixar um estado de coração de pedra por um estado de coração de carne, com a intenção de viver a consagração com mais intensidade" (KEARNS, 1999, p. 92).

A opção para servir a Igreja em qualquer vocação específica tem seus desafios, mas também suas belezas. Isso é encontrado na vivência em comunidade, na experiência de missão e na entrega a serviço dos mais pobres, dos marginalizados, dos menos favorecidos. O passo para chegar a essa opção tem a ver com encanto, com identificação, com atração, o que faz com que a pessoa chegue a ponto de ter coragem de seguir em frente, buscar e viver profundamente aquilo com que se encantou.

Eis o grande desafio, entender que esse encanto precisa ser cultivado, precisa ser regado no amor, precisa ser estimulado a crescer. Porque, em muitas situações, o ativismo da vida, a correria dos afazeres do dia a dia nos fazem esquecer das primeiras motivações, dos primeiros sentimentos que motivaram a pessoa a levar adiante essa opção. Uma forma de superar esse desafio é valorizar a opção feita e cultivá-la, dando sentido à escolha realizada, cuidando de si mesmo, e, ao mesmo tempo, se desafiando a renovar a cada dia esse mistério do sim verdadeiro, consciente e maduro.

Compreensão do contexto e da realidade juvenil

Como refletimos no início, é importante compreender o contexto e a realidade juvenil, justamente porque é nessa realidade que brota a vocação. De fato, como anunciadores do Reino e seguidores de Jesus, precisamos estar junto das juventudes, e não nos distanciarmos. Tal desafio é cada vez mais evidente e concreto na realidade atual. O próprio Papa Francisco nos alerta sobre isso, por meio de sua carta apostólica em preparação ao Sínodo dos Bispos, intitulada "Os jovens, a fé e o discernimento vocacional", bem como nos incentiva a uma presença significativa, profética e atuante entre os jovens.

> Várias pesquisas mostram como os jovens sentem a necessidade de figuras de referência próximas, credíveis, coerentes, honestas, bem como de lugares e ocasiões nos quais colocar à prova a capacidade de relação com os outros (adultos ou coetâneos) e afrontar as dinâmicas afetivas. Buscam figuras capazes de exprimir sintonia, encorajamento e ajuda para reconhecer os limites, sem fazer pesar o juízo (PAPA FRANCISCO, 2017, p. 25).

O fato é que o grande desafio do distanciamento das juventudes nos aproxima cada vez mais da falta de vocações para a

Igreja. Se há opção para essa vocação específica, é porque há uma presença de qualidade no meio delas. Portanto, o apelo do papa é que saíamos dos nossos "grandes muros", saíamos do nosso comodismo, da nossa preguiça, da nossa falta de consideração pelos jovens. E, entre eles, saibamos dar testemunho da nossa opção, saibamos conduzir com amor nossa presença, cativante e arrastadora, cheia de sentido, saibamos atraí-los para seguir Jesus, por meio do nosso testemunho.

A crise de vocações está relacionada a esse contexto, portanto, necessitamos estar presentes, e não é qualquer presença que vai ajudar nisso, precisa ser uma presença de qualidade, de envolvimento, de compromisso e, sobretudo, que desperte os jovens a perceberem em nossa missão a possibilidade de também doarem suas vidas. É nesse desafio que precisamos focar nossas vidas, e, assim, pelo nosso testemunho, poderemos cativar muitos jovens que possam atualizar e renovar o ser Igreja, a partir do contexto de hoje. Para tanto, é necessário ter coragem, seguir em frente e ser sinal de esperança na vida de muitos jovens. Essa coragem nos impulsiona ao exercício da criatividade, que nos torna uma presença diferenciada, inovadora, aberta e sinal vivo de possibilidades de escolhas para muitos jovens da realidade atual. Esse exercício é fundamental, pois, junto aos jovens, podemos viver um novo modo de ser Igreja.

Desenvolver o itinerário vocacional

Para vivenciar um caminho profundo na animação vocacional, é necessário que se tenha tempo, tempo suficiente para vivenciar um profundo itinerário, em que o vocacionado tenha possibilidade de aprofundar dimensões e valores fundamentais a sua vida e, também, tenha consciência, maturidade e coragem para viver um projeto de vida. Um grande desafio para os pastoralistas nos tempos atuais é desenvolver um itinerário vocacional que seja profundamente recheado de processos, contendo valores, discutindo temas, vivenciando dinâmicas, refletindo textos bíblicos, focando no projeto de vida, com tempo especial que proporcione ao vocacionado a vivência intensa de todos os processos planejados. Como nos diz José Lisboa,

> os passos da animação vocacional revelam a necessidade do itinerário vocacional. O acompanhamento vocacional das pessoas chamadas realiza-se ao longo de um caminho e não pode ser fruto de um momento isolado de decisão. Este caminho se desenvolve por etapas, permitindo que, aos poucos, o vocacionado ou a vocacionada tomem consciência da vocação e se abram para a missão. A fidelidade ao itinerário vocacional facilita uma visão mais realista do processo vocacional e possibilita o desenvolvimento sadio das capacidades, dos dons pessoais, dos carismas, levando a pessoa a seguir firme na direção do ideal a ser cada vez mais abraçado (LISBOA, 2003, p. 83).

Para quem atua com animação vocacional, é essencial compreender esse universo que percorremos, sobretudo, comungar da necessidade de vivenciar etapas como despertar, discernir, cultivar e acompanhar. Essas etapas sinalizam a importância de um grande itinerário, capaz de apontar caminhos para o vocacionado, capaz de refletir o sentido da vida, a importância das escolhas, a responsabilidade pelo que se deseja e o compromisso em construir um projeto pessoal de vida.

Vivenciar um itinerário nos desafia como animadores vocacionais a, junto dos jovens, assumirmos o compromisso de acompanhá-los. Acompanhar significa fazer caminho significativo, lado a lado e de profunda busca. É nesse sentido que se torna importante a elaboração de um projeto pessoal de vida, elemento fundamental no qual os vocacionados vão sinalizando dados fundamentais em relação a sua história pessoal, sua subjetividade e também seus desejos futuros.

Gestão e condução dos processos

A prática de gestão em animação vocacional exige uma significativa organização na forma de trabalhar. Toda organização tem uma estrutura a ser pensada, o que vai exigir mobilidade, investimento, técnica, prática profissional, estratégias, metas, objetivos e organização de equipe. O desafio para as instituições religiosas e, consequentemente, para a Igreja está justamente em compreender que a organização técnica é necessária, ou seja, não se faz mais animação vocacional sem uma estrutura pedagógica, financeira e organizacional que garanta acompanhamento sistemático de todos os processos.

Um primeiro passo para garantir essa organização é pensar em uma pessoa que possa estar totalmente disponível a esse serviço, por isso, é fundamental, antes de tudo, analisar se existem condições de disponibilizar uma pessoa que possa ser a liderança principal, o responsável por encaminhar as demandas e responder pela animação vocacional. Essa pessoa deve ter perfil adequado e, consequentemente, consciência de sua missão, considerando-se algumas dimensões importantes nesse seu perfil:

- *Ter disponibilidade:* deve estar totalmente liberada e nomeada pelo seu superior (coordenador) para atuar na animação vocacional. Essa disponibilidade garante que a pessoa tenha tempo para pensar em elementos fundamentais a seu trabalho, tais como: a organização da equipe, a construção de um plano de animação vocacional e o formato de acompanhamento dos vocacionados.

- *Possuir capacidade de conquistar outras pessoas:* precisa ter bom relacionamento, saber se aproximar dos outros e dialogar, mesmo diante dos desafios geracionais e culturais.

- *Estabelecer parceria com outras instituições:* inserir-se nos processos em nível eclesial, ter conhecimento do que a Igreja está realizando na dimensão vocacional, envolver-se e analisar as possibilidades de parcerias com a Igreja ou com outras congregações religiosas.

- *Atentar para as realidades juvenis:* pesquisar sobre isso, buscar conhecimentos relacionados às juventudes, ter paixão pelos jovens, pensar, sobretudo, nos processos pelos quais eles podem passar no acompanhamento vocacional.

- *Mostrar-se feliz com sua vocação:* o coordenador de animação vocacional dá testemunho de sua opção de vida, ele se mostra feliz com a escolha que fez, vive com intensidade sua vocação.

- *Ser capaz de conduzir processos:* tecnicamente, o coordenador deve ter noção de gestão, e se, por acaso, não tiver, a instituição pode lhe garantir que desenvolva um processo de formação para esse fim. Pois, com o desafio de coordenar pessoas e processos, é fundamental ter habilidade em gestão, capacidade de conduzir caminhos e liderar pessoas.

- *Ter encantamento pela animação vocacional e carisma:* é necessário que a pessoa que está coordenando a animação vocacional goste do que faz, se identifique e tenha paixão pelo desafio de acompanhar as vocações.

- *Possuir responsabilidade:* o animador vocacional assume a responsabilidade por todos os processos, tanto os que estão numa instância louvável, sendo feitos com esmero, como os que não estão bons, tendo a possibilidade de avaliar e recomeçar o acompanhamento.

Nesse sentido, podemos pensar no que pode ser fundamental para a construção de um trabalho estratégico com animação vocacional. No âmbito da construção de uma cultura vocacional, o coordenador precisa se atentar de que não está caminhando sozinho, que existe um grupo com o qual ele pode contar e que deve ajudá-lo no acompanhamento local.

Para tanto, deve existir uma fonte teórica na qual se coloca todo o foco de trabalho. Podemos chamar esse material de *diretrizes ou orientações*. A estrutura é a base do todo, apontando dimensões teóricas, práticas, para assegurar e fundamentar a ação do coordenador e da equipe vocacional.

Outros materiais fundamentais são o *plano de animação vocacional*, o *itinerário* e o *planejamento de ação*, conforme a reflexão a seguir:

- *Plano* (o que é?): documento referencial para todas as comunidades. Tem a função de orientar, assegurar toda a proposta e a dinamização de todos os trabalhos da animação vocacional. O plano deve apresentar a dimensão teórica e a dimensão prática de todo o processo, de forma clara, objetiva e concreta.

- *Itinerário* (o que é?): percurso que se deseja fazer com os vocacionados. Projetos, ações, atividades concretas. Deve ser claro para o animador vocacional e, também, para o vocacionado. Nele se encontra, de forma prática, tudo que se deseja realizar no caminho vocacional, levando em conta a realidade da congregação e o contexto juvenil, considerando as orientações do plano.

- *Planejamento de ação* (o que é?): material exclusivo para quem acompanha os processos nas instâncias provinciais, regionais, locais. Define o cronograma de acompanhamento e coloca em prática o que o plano e o itinerário exigem.

Tendo clareza e ciência de todo esse caminho, é importante a construção de uma equipe, que pode ser referendada também pela liderança maior. A equipe vai ajudar e acompanhar todos os projetos e processos, juntamente com o coordenador-geral. Aponto também algumas dimensões necessárias na identidade dessa equipe:

- juntamente com o coordenador, conduz todos os processos;
- reflete a possibilidade, junto às instâncias maiores, dando prioridade à animação vocacional;
- responsabiliza-se pela elaboração de um plano de animação vocacional;
- cria um itinerário de animação vocacional;
- pensa em subsídios que possam fortalecer o processo vocacional;
- pensa em projetos e ações adequados ao caminho vocacional;
- estabelece critérios de acompanhamento para os animadores vocacionais;
- cria estratégias e articula sobre como elas serão vivenciadas;
- define os objetivos, metas e o prazo a cumprir;
- organiza encontros maiores que fortaleçam os processos vocacionais locais;
- conhece e estuda as realidades locais em relação à animação vocacional;

- visita as bases e motiva os animadores vocacionais locais;
- garante acompanhamento e fidelização dos processos vocacionais.

Um passo importante e fundamental no trabalho dessa equipe é a construção do mapeamento de realidade, cujo objetivo principal é saber onde se vai estar pisando, com quem se pode contar, que implicações financeiras surgirão, que ações já existem nas realidades. Para isso, o roteiro do mapeamento segue como um elemento fundamental, ao iniciar um processo técnico de gestão em animação vocacional.

As perguntas a seguir são fundamentais para a construção do mapeamento:

- Quais são os lugares onde estamos presentes?
- Em quais desses lugares temos possibilidade de iniciar um grupo vocacional?
- Qual é o perfil da juventude desse lugar?
- Que valores e temas seriam importantes trabalhar na animação vocacional dentro desse contexto, tendo em vista as etapas vocacionais e o sentido de cada uma dentro do itinerário?
- Existe uma pessoa que pode ser a responsável local? Quem?
- Existe possibilidade de construir uma equipe local?
- Definir de que forma caminhará o itinerário vocacional da instituição.
- Que elementos e materiais podemos usar nesse itinerário para ajudar as equipes locais?

Portanto, acreditar que o trabalho vocacional pode ser um bem para a Igreja e para as instituições religiosas exige de nós esse esforço, para garantir que as demandas sejam bem estruturadas e apresentem resultados satisfatórios. Outro desafio é romper com as antigas estruturas que nos prendem a um modelo de pastoral vocacional que não atende mais à nova perspectiva e aos apelos atuais.

Conclusão

Creio, ainda, que os maiores desafios estão em renovar todos os dias o nosso encanto, o nosso brilho no olhar e testemunho, além da nossa paixão e seguimento de Jesus, que se torna coragem e profecia por meio de nossa vivência da própria vocação. A capacidade de organização depende muito do que se deseja enquanto instituição com animação vocacional, quando isso é focado e se torna prioridade para todos, certamente o trabalho passa a ter resultados qualitativos e eficazes para a Igreja e para a própria instituição.

É fundamental garantir dentro de todo o processo de acompanhamento aspectos humanos e teológicos, sempre em diálogo, justamente porque a animação vocacional deseja inicialmente tocar na essência do ser humano e perceber como se dá a manifestação e presença de Deus nessa causa.

Para refletir

1. De que forma nos organizamos como animação vocacional?

2. Quais desses desafios refletidos estão mais presentes na minha rotina de trabalho?

3. Como posso contribuir para que a animação vocacional da minha paróquia ou congregação seja organizada de forma estratégica?

4. Quais os desafios estão mais evidentes em minha equipe de trabalho?

5. Como podemos articular de forma prioritária os trabalhos com a animação vocacional?

Proposta de atividade

Roteiro para construção do plano de animação vocacional

Plano (o que é?): documento referencial para todas as comunidades. Tem a função de orientar, assegurar toda a proposta e dinamização e todos os trabalhos da animação vocacional. O plano deve apresentar a dimensão teórica e a dimensão prática do processo, de forma clara, objetiva e concreta.

Elementos

1. Contexto de animação vocacional;

1.1 Memória histórica;

1.2 Perspectivas contemporâneas;

2. Antropologia da vocação;

3. O seguimento de Jesus como discipulado missionário;

4. O seguimento de Jesus nos passos do fundador;

5. Vocacionado/a itinerante do seguimento de Jesus;

6. Animadores vocacionais: mediadores do processo;

7. Paradigma do itinerário vocacional;

8. Itinerário vocacional;

8.1 Etapa do despertar;

8.2 Etapa do discernir;

8.3 Etapa do cultivar;

8.4 Etapa do acompanhamento;
9. Orientações práticas para os grupos vocacionais;
10. Estrutura e organização dos grupos vocacionais;
11. Considerações finais;
12. Referências.

Roteiro para construção do itinerário vocacional

Itinerário (o que é?): percurso que se deseja fazer com os vocacionados. Projetos, ações, atividades concretas. Deve ser claro para o animador vocacional e também para o vocacionado. Ele deve conter, de forma prática, tudo que se deseja realizar no caminho vocacional, levando em conta a realidade da congregação e o contexto juvenil, considerando as orientações do plano.

Etapa do despertar

Neste primeiro momento do caminho, a animação vocacional quer conduzir todas as pessoas que fazem parte da comunidade cristã a tomarem consciência de que são chamadas pelo Pai, por meio de Jesus Cristo, na ação do Espírito, para uma missão bem específica na Igreja. Isso já nos ajuda a perceber que tal etapa é permanente e deve visar a todo o povo de Deus. Fica esclarecido, portanto, que o despertar, sendo destinado prioritariamente aos jovens em processo de busca, deve envolver também as outras pessoas, mesmo aquelas que já abraçaram uma determinada vocação específica.

A etapa do despertar acontece progressiva e simultaneamente em três âmbitos. Antes de tudo, é preciso despertar para a dimensão humana da vocação. Nosso primeiro chamado é a sermos gente, pessoa, cultivando aqueles valores que caracterizam o ser humano. O segundo âmbito diz respeito à dimensão cristã da vocação. Trata-se de despertar para a vivência do compromisso batismal, para o exercício fiel da missão que nasce a partir do Batismo que recebemos. Com muita facilidade, tendemos a logo transformar pessoas em padres, frades e freiras, sem antes nos perguntarmos se tais pessoas são, de fato, cristãs. O terceiro âmbito, enfim, refere-se à dimensão eclesial da vocação. É preciso despertar para a concretização do compromisso batismal, fazer as pessoas perceberem que não é possível ser cristão de forma "genérica", mas somente abraçando compromissos concretos, serviços específicos dentro da comunidade.

ELEMENTOS QUE COMPÕEM A ETAPA DO DESPERTAR

Valores	Textos bíblicos	Textos da congregação/diocese	Experiência de conclusão da etapa

Vida partilhada	Espiritualidade	Missão

Etapa do discernir

Acontecendo o despertar, é claro que muitas pessoas vão se sentir "incomodadas" por Deus. Muitas serão logo dominadas por aquele desejo louco de seguir o Mestre por onde ele for. Nesse momento, entra em ação o processo de discernimento. Trata-se de verificar se os sinais são mesmo indicadores de um verdadeiro chamado da Trindade. O processo de discernimento, tendo presente a pedagogia usada por Jesus nos Evangelhos, questiona as motivações, sonda as intenções, alerta para a radicalidade e a seriedade da opção.

Muitas vezes "limpa" o caminho, remove obstáculos, ajuda a clarear. Outras vezes, apresenta as dificuldades, mostra empecilhos, busca desafiar. Verdadeiro discernimento não é só aquele que conduz a um final preconcebido para o vocacionado. Inúmeras vezes o discernimento conduz a uma conclusão decepcionante, levando a pessoa a buscar outros caminhos e a perceber que o que queria não era o que ia torná-la feliz nem era o melhor (cf. Mc 5,18-20). Quem ajuda a fazer discernimento, não deve esquecer que os principais atuantes desse processo são o Espírito Santo e o próprio vocacionado. Todavia, não deve esquecer o seu papel de interlocutor com o divino e mediador do processo vocacional. Por isso, deve preparar-se bem, sob todos os aspectos, para essa nobre missão.

ELEMENTOS QUE COMPÕEM A ETAPA DO DISCERNIR

Valores	Textos bíblicos	Textos da congregação/diocese	Experiência de conclusão da etapa

Vida partilhada	Espiritualidade	Missão

Etapa do cultivar

É importante nessa etapa do itinerário aprofundar os sinais do chamado divino, verificados e percebidos durante o processo de discernimento. Trata-se da confirmação da vocação. Isso quer dizer que não basta constatar a existência de sinais autênticos de vocação. É preciso que haja um espaço de tempo reservado para "alimentar" esses sinais. Em outras palavras, não se pode passar imediatamente do discernimento para a opção por uma vocação específica. A pessoa precisa ser preparada para tal opção.

A etapa do cultivar supera aquele imediatismo que tantas vezes caracteriza o processo vocacional. O medo de perder vocações leva tantas vezes à pressa, à precipitação, àquela atitude de direcionar as pessoas. Isso acontece, sobretudo, no âmbito da vida consagrada e do ministério ordenado. Muitas vezes falta a eclesialidade, o querer as vocações para a Igreja. Por isso, o discernimento é direcionado, bitolado, redutivo. O jovem e a jovem terminam optando por essa congregação, pelo clero diocesano, por não conhecerem outras possibilidades. E qual é o problema em oferecer outras possibilidades?

ELEMENTOS QUE COMPÕEM A ETAPA DO CULTIVAR

Valores	Textos bíblicos	Textos da congregação/diocese	Experiência de conclusão da etapa

Vida partilhada	Espiritualidade	Missão

Etapa do acompanhamento

A etapa do acompanhamento não é exclusiva, e deve-se passar por todas as outras etapas. O animador vocacional a desenvolve durante todo o processo, ajudando o vocacionado na opção vocacional consciente e livre, justamente porque a resposta ao chamado divino é um caminho a ser percorrido. Como tal, vai acontecendo aos poucos. Não se chega a uma opção de maneira rápida e veloz, mas aos poucos, passo a passo. A opção vai amadurecendo durante o processo. Nenhum vocacionado inicia o seu itinerário já sabendo o que quer, e se isso acontece é importante fazer um caminho de busca das motivações pessoais. Isso significa paciência, calma, espera, firmeza e coragem da parte de quem acompanha.

Roteiro para construção do planejamento de ação

Planejamento de ação (o que é?): material exclusivo para quem acompanha os processos nas instâncias provinciais, regionais, locais. Define o cronograma de acompanhamento e coloca em prática o que o plano e o itinerário exigem. É inegociável prever no planejamento de ação:

1. A visita de quem acompanha.
2. A formação das equipes vocacionais.
3. A realização encontro maiores que possibilitem o fortalecimento do itinerário.

Mapeamento de realidades						
Local	Animador vocacional	Equipe local	Atividades	Número de jovens nos grupos	Rotina de encontros	Previsão financeira detalhada

Mapeamento de realidades						
Local	Animador vocacional	Equipe local	Atividades	Número de jovens nos grupos	Rotina de encontros	Previsão financeira detalhada

Bibliografia

ALVIMAR, Antonio. *Ser-tão cheio de fé*, 2013.

CNBB – Setores de Juventude e Vocações e Ministérios (org.). *Como fazer PJB: assessoria vocacional a grupos de jovens*. São Paulo: Loyola, 2001.

FRAIMAN, Leo. *Projeto de vida: 100 dúvidas*. 1. ed. São Paulo: Metodologia EPP, 2015.

KEARNS, Lourenço. *A teologia da vida consagrada*. Aparecida/SP: Editora Santuário, 1999. (Coleção Claustro, 4.)

OLIVEIRA, José Lisboa Moreira. *Nossa resposta ao amor. Teologia das vocações específicas*. São Paulo: Loyola, 2000.

_____. *Evangelho da vocação. Dimensão vocacional da Evangelização* São Paulo: Loyola, 2003.

_____. *Teologia da Vocação*. São Paulo: Loyola, 2003a.

PAPA FRANCISCO. *Os jovens, a fé e o discernimento vocacional. Sínodo dos Bispos*. 1. ed., 2017.

PROVÍNCIA MARISTA BRASIL CENTRO-NORTE. Plano de Animação Vocacional. 2014.

Rua Dona Inácia Uchoa, 62
04110-020 – São Paulo – SP (Brasil)
Tel.: (11) 2125-3500
http://www.paulinas.com.br – editora@paulinas.com.br
Telemarketing e SAC: 0800-7010081